KB184729

빙그레
Since1974
바나나맛우유

바나나맛우유
딸기맛우유
8 801104 221467
바나나맛우유
8800 2798
바나나맛우유
8800 2798
바나나맛우유

안녕,
나의 바나나맛우유

DATE. 2024. 3. 20. WEATHER. 꽃샘추위.

취업에 성공했다!

이전부터 하고 싶었던 마케팅 직무로 여러 군데 찾아보고 또 운 좋게 몇 군데 합격했는데 고심 끝에 최종적으로 빙그레에 입사하게 되었다. 마케터를 희망하며 같이 취준 스터디 했던 친구들도 바나나맛우유, 투게더, 요플레 등 전국민에게 사랑받는 다양한 스테디셀러 제품을 보유한 빙그레에서 배울 점이 특히 많지 않겠냐며 적극적으로 응원해 줬다.

언제부터였을까? 옆에 있는 것이 너무나 당연했던 바나나맛우유. 두 손으로 꼭 붙잡고 먹던 어린시절부터 한 자리에서 두개쯤은 거뜬히 마시는 지금까지, 바나나맛우유를 달고 살던 나에게 빙그레는 가장 선망하던 회사였다. 이제 막 신입사원 기본 교육을 마치고 부서 배치를 받았다.

바나나맛우유의 찐팬인 내가 바나나맛우유를 관리하는 DAIRY제품팀으로 배치되다니 너무 설렌다! 교육기간 동안 출퇴근 생활 자체에 적응하느라 정신이 하나도 없었는데, 이제야 빙그레인이 되었음을 실감한다.

수십년간 끊임없이 사랑받는 제품들, 특히 바나나맛우유에는 어떤 비밀들이 숨어있는걸까? 바나나맛우유가 한국을 넘어 지구인 모두가 사랑하는 제품이 될 수 있도록 앞으로 진짜 열심히 해야지!

미래의 나야, 파이팅!!

DATE. 2024. 3. 28. WEATHER. 날씨 맑음.

오늘은 팀장님에게 신입 마케터로서 첫 미션을 받았다. 바나나맛우유 자료 조사하기!

취준 스터디 때 메로나, 바나나맛우유, 투게더, 요플레, 꽃게랑 등등 내가 그간 많이 먹어온 제품들이 빙그레 제품이라는 것을 뒤늦게 알고 얼마나 놀랐던지.

곧 바나나맛우유 출시 50주년이라 기념 브랜드북을 만든다고 하는데 여기에 도움이 될 만한 자료를 찾아 정리해달라고 하셨다. 바나나맛우유만큼 간편한데 맛있고 든든한 제품이 사실 별로 없어서 고단한 취준 시절, 나를 위한 하루의 보상처럼 집에 들어가는 길에 하나씩 사 마시곤 했었다. 그동안 먹을 줄만 알았지, 이걸 조사하게 될 줄이야. 잘할 수 있겠지?

그나저나 벌써 50주년이라니, 바나나맛우유
생각보다 나이가 많구나?

봄. 탄생기: 안녕, 나의 바나나맛우유

여름. 성장기: 모두의 추억이 되기까지

가을. 관찰기: 마음에서 마음으로

겨울. 탐방기: 함께하는 즐거움

DATE. 2024. 4. 11.　　WEATHER. 날씨 맑음.

바나나맛우유는 어릴 때부터 항상 주변에 있던 존재라
신경 써서 생각해 본 적이 없었는데 이번 기회에 사람들은
바나나맛우유를 어떻게 생각하고 있는지부터 헤아려 보기로 했다.
사실 바나나맛우유가 빙그레 제품이라는 것을 모르는 사람도
많을 듯한데 그래도 한국에서 나고 자란 사람이라면
바나나맛우유와 관련된 추억 하나쯤 있지 않을지 기대하며
주변 여기저기 물어보았다.

엄마 친구인 미경 이모는 바나나맛우유 하면 목욕탕이 떠오른다고 했다. 바나나맛우유 하면 목욕탕, 목욕 후엔 바나나맛우유. 한국인이라면 모를 수 없는 불패의 공식 아닐까. 목욕탕보다는 찜질방이 익숙한 나도 이 법칙은 익숙하니까.

목욕탕 가는 날이 온 집안의 행사였던 과거에는 특히 그랬을 것 같다. 당시엔 슈퍼마켓보다 목욕탕에서 바나나맛우유를 찾는 게 더 쉬웠다고 한다. 1970년대 말 꼬마였던 미경 이모는 가족 다 같이 목욕탕에 갈 때면 아빠가 나오기만을 기다리곤 했단다. 번번이 안 된다는 엄마 몰래 아빠가 바나나맛우유를 하나씩 사 주셨기 때문이라나. 등바닥이 시뻘게지도록 때를 밀고 나면 부모님이 기분 풀라는 듯 쥐어 주시던 바나나맛우유, 이야기만 전해 들어도 애틋한 구석이 있다.

지금은 아빠를 만날 수 없지만, 미경 이모는 여전히 바나나맛우유를 볼 때마다 오래전 목욕탕 앞에서 아빠를 기다리던 시절을 추억하신다니 어쩐지 마음이 뭉클해졌다.

안녕, 나의 바나나맛우유

사촌인 현민 언니도 비슷한 추억을 들려주었다. 언니는 초등학교 시절 목욕 후 엄마가 주신 바나나맛우유를 잊지 못한다고 했다. 목욕하느라 덥고 목마른 상태에서 달콤하고 시원한 바나나맛우유를 마셨으니 몸속 깊이 상쾌한 기분이 들고 정말 인상적이었겠지. 언니는 선생님이 된 요즘도 수업을 마치고 당 충전이 필요할 때면 바나나맛우유를 즐겨 찾는다. 달콤한 맛뿐만 아니라 엄마와의 추억 덕분에 바나나맛우유를 보면 절로 충전되어 기운이 난다니 정말 추억의 힘은 강하다는 생각이 든다.

목욕탕
목욕탕
영업중
목욕
합니다
주인백

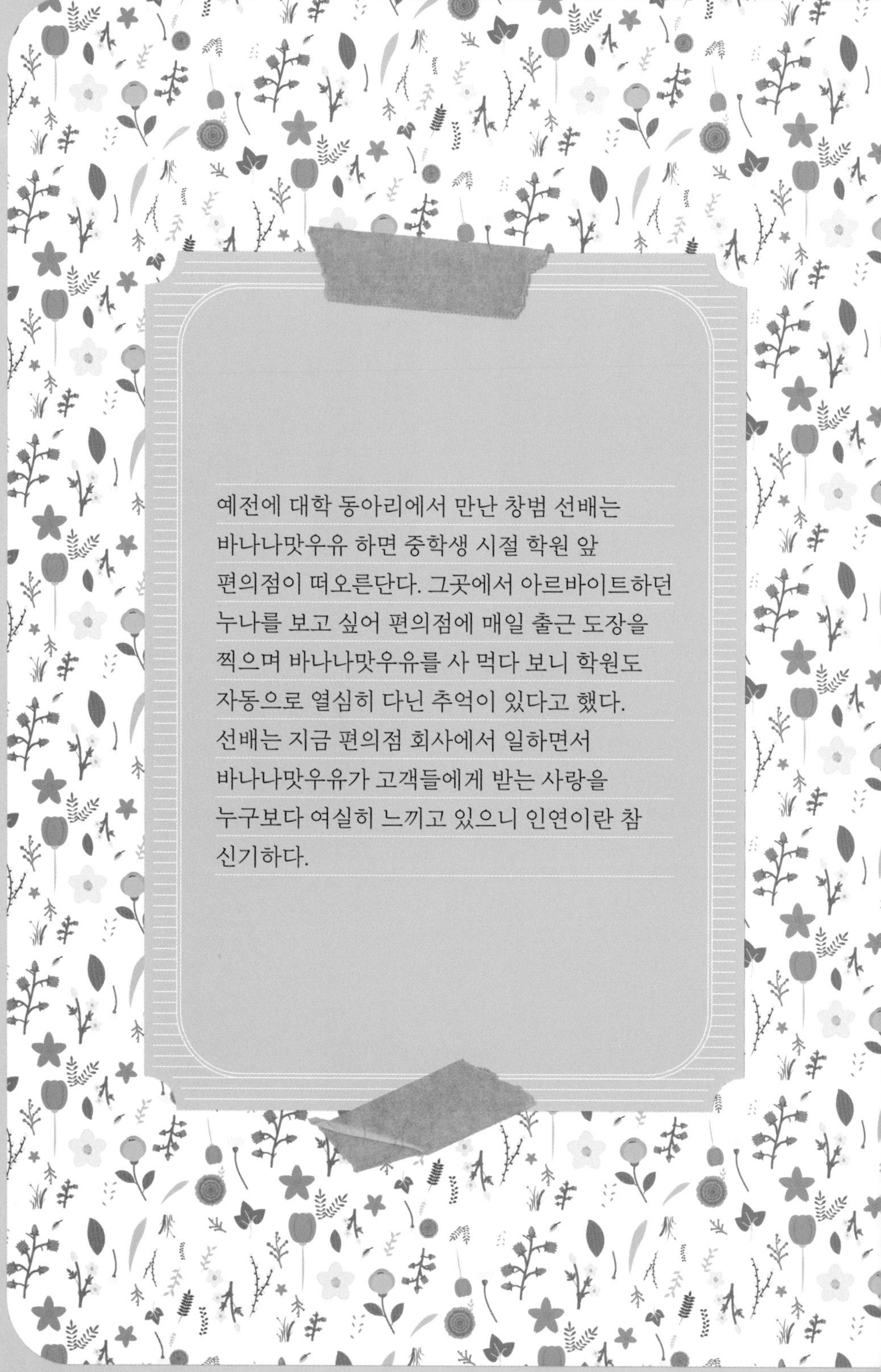

예전에 대학 동아리에서 만난 창범 선배는 바나나맛우유 하면 중학생 시절 학원 앞 편의점이 떠오른단다. 그곳에서 아르바이트하던 누나를 보고 싶어 편의점에 매일 출근 도장을 찍으며 바나나맛우유를 사 먹다 보니 학원도 자동으로 열심히 다닌 추억이 있다고 했다. 선배는 지금 편의점 회사에서 일하면서 바나나맛우유가 고객들에게 받는 사랑을 누구보다 여실히 느끼고 있으니 인연이란 참 신기하다.

24 편의점
마음을 전해요!
24 편의점
편의점 24시
바나나맛우유
꽃게
야채
BOOK
라면

편의점에 추억이 깃든 또 다른 인연도 있었다. 고등학교 후배인 진원에게 오랜만에 연락했더니 편의점 아르바이트생 시절 항상 바나나맛우유를 사가는 단골손님에게 반해서 바나나맛우유를 자주 선물하며 마음을 고백했다는 귀여운 일화를 들려주었다. 1년이 넘는 시간 동안 마음을 전한 결과 지금은 연인이 되었다니, 진원이답다. 둘 다 바나나맛우유 사랑이 남달라서 혹시 다투면 바나나맛우유를 주면서 화해하자는 약속까지 했다고 한다.

자칭 바나나맛우유 전문가인 진원이 남자친구가 바나나맛우유 마지막 한 방울까지 마시는 비법을 전수했는데, 입구 부분을 밖으로 살짝 펴서 마시면 빨대 없이도 가능하다니 이따가 나도 따라 해 봐야지. 용기 재질의 탄성이 좋아서인지 부러지지 않고 잘 구부러져서 좋다는 말까지 해준 걸 보면 나보다도 바나나맛우유 찐팬인 것 같다.

바나나맛우유로 맺어진 둘의 인연이 영원하면 좋겠다!

어른이 된 이후에는 편의점에서 바나나맛우유를 찾는다면 학창 시절에는 무조건 매점이었다. 그 짧은 쉬는 시간을 쪼개 매점으로 달려가 바나나맛우유를 사 먹곤 했으니까. 그 잠깐의 달콤한 시간이 얼마나 소중하던지. 동네에서 오래 알고 지낸 동생 민경이 이야기를 들어보니 요즘 학생들도 비슷한 것 같더라. 민경이 반에는 적어도 일주일에 3번 이상 바나나맛우유를 마시는 친구도 있다니까. 그리고 민경이가 바나나맛우유를 더 맛있게 먹는 방법이라고 알려줬는데, 콜라를 약간 탄 다음 설탕을 섞어 마시면 그렇게 맛있다네. 이것도 이따가 한번 시도해 봐야겠다.

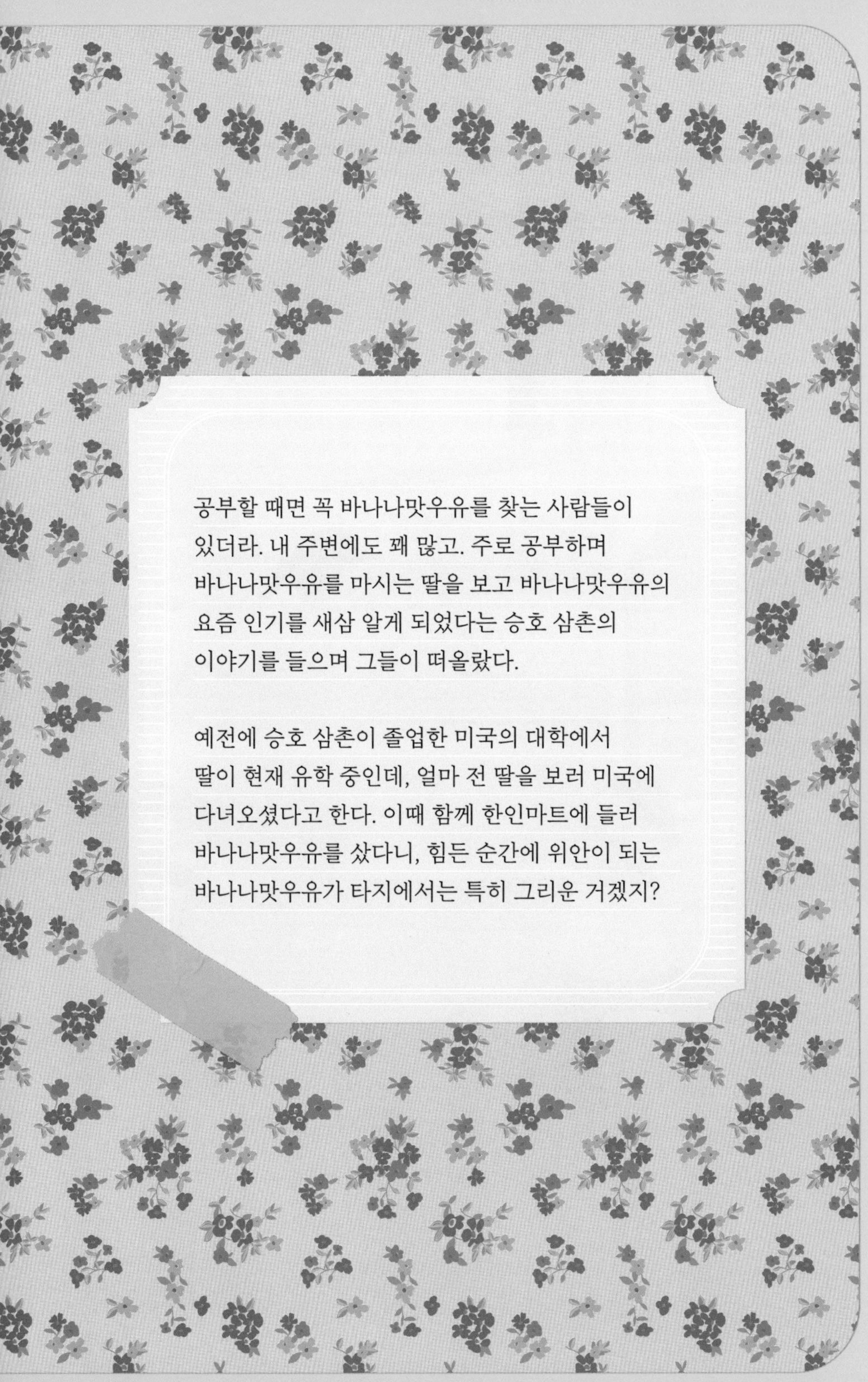

공부할 때면 꼭 바나나맛우유를 찾는 사람들이 있더라. 내 주변에도 꽤 많고. 주로 공부하며 바나나맛우유를 마시는 딸을 보고 바나나맛우유의 요즘 인기를 새삼 알게 되었다는 승호 삼촌의 이야기를 들으며 그들이 떠올랐다.

예전에 승호 삼촌이 졸업한 미국의 대학에서 딸이 현재 유학 중인데, 얼마 전 딸을 보러 미국에 다녀오셨다고 한다. 이때 함께 한인마트에 들러 바나나맛우유를 샀다니, 힘든 순간에 위안이 되는 바나나맛우유가 타지에서는 특히 그리운 거겠지?

삼촌의 선물

아빠 친구인 지화 이모는 귀한 추억을 들려주셨다. 지화 이모는 빙그레의 전신인 퍼모스트 시절의 우유를 기억하고 계셨는데 그때는 번화가에 '퍼모스트의 집'이라는 아이스크림 판매점도 있었다고 한다. 거기서 지화 이모의 고모가 남학생을 만나다가 아버지에게 들켜서 엄청나게 혼났었다는 이야기는 덤이었다.

이모는 바나나맛우유와 관련된 특별한 순간을 기억하고 계셨는데 바나나맛우유 하면 1977년의 어느 날 바나나맛우유와 투게더 아이스크림이 냉장고에 마트 매대처럼 가득 차 있던 장면이 생각나신단다. 당시 냉장고는 지화 이모의 외삼촌이 이사 기념으로 선물해 주신 것이라 했다. 그때 아마 빠듯한 살림살이지만, 자식들이 작은 사치라도 누리길 바라는 마음에 아버지께서 월급날에 채워 두셨던 게 아닐까. 바나나맛우유를 보면 이 장면이 가장 먼저 떠오른다니 어린 마음에 크리스마스처럼 특별한 하루로 남았을 것 같다. 그리고 지화 이모가 덧붙여 주신 말도 참 인상적이었다.

"노란 달콤함으로 누군가에게는 위로가, 또 누군가에게는
사랑이 되어준 단지 우유야! 오랫동안 용기, 맛, 이미지를 고수해 온
고집불통 너를 나는 변함없이 사랑해."

다들 마음 한편에 이렇게 바나나맛우유를 추억하고 있는 거겠지?

1977년의 순간을 기억하고 계시다니, 지화 이모 기억력도 대단하다. 지화 이모와의 통화를 마치고 문득 궁금해졌다. "정말 바나나맛우유가 지난 50년간 용기, 맛, 이미지를 고수해 온 걸까?" 바나나맛우유가 어떻게 탄생했고 사람들 마음에 자리 잡았는지 그 이야기부터 찾아봐야겠다는 생각이 들었다.

이 이야기는 한미경, 유현민, 박창범, 최진원, 조민경, 남승호, 강지화 님의 추억을 일부 각색하여 구성하였습니다.

일러스트: 예슬

DATE. 2024. 5. 3. WEATHER. 쾌청.

지난 몇 주간 빙그레 그리고 바나나맛우유의 역사를 헤아리기 위해 과거 신문 자료 등을 열심히 찾아보았다. 1993년에 창간한 사보 《빙그레가족》도 사내 자료실에서 발견하여 꼼꼼히 읽고.

대략 다음과 같이 정리해 보니 어느 정도 한눈에 이해되는 것 같다.

대일유업에서 빙그레까지

1967 홍순지 창업주 ㈜대일양행 창업

1971 대일유업주식회사로 사명 변경

1972 미국 퍼모스트(Foremost)사와 기술 제휴 체결

1973 도농제1공장 설립

← 도농공장 내부 (1979년)

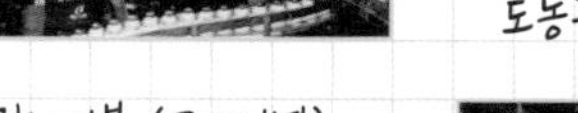

↑도농공장 내부 (2001년)

도농공장 내부 (2005년)↓

1997

← 논산 도민체전에서 직원들이 직접 만든 홍보물로 홍보 진행

2001

→ 영화 《불후의 명작》 광고

2008

바나나맛우유 중국 진출

브랜드파워(K-BPI) 가공우유 부문에서 바나나맛우유가 1위 차지

2009

《코리아 디자인 2008: 우리를 닮은 디자인》 전시에 바나나맛우유 선정

2018

2024

브랜드파워(K-BPI) 가공우유 부문에서 17년 연속 바나나맛우유가 1위 차지

1995

논산공장 준공

빙그레 CI 변경

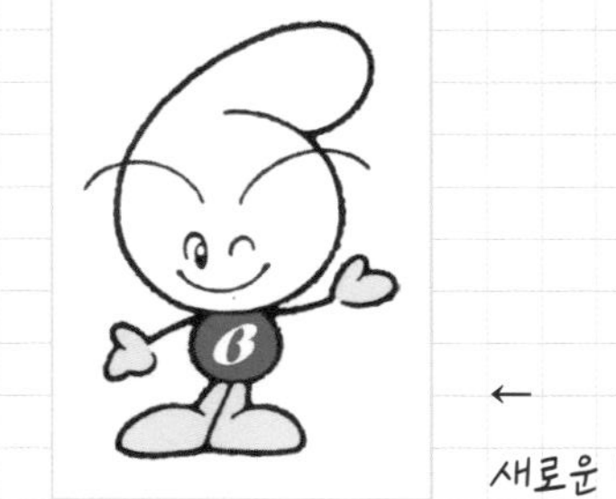

← 새로운 빙그레 마스코트

1996

도농제3공장 준공

1974

퍼모스트 제품 판매

↑1973년 퍼모스트 기업 광고

한국화약그룹이 대일유업 인수

↑1973년 프리팩 우유

1973년 퍼모스트 냉동차↑

바나나맛우유 출시

← 1974년 퍼모스트의 집 모집 광고

1974년 퍼모스트 제품 광고↑

1990

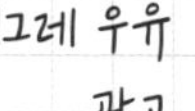

→ 1990년 빙그레 우유 광고

1992 한화그룹에서 분리

1993 빙그레 마케팅실 신설

함께해요!

← 1993년 7월 10일 《경향신문》

1975

→ 1975년 퍼모스트 제품 광고
(노주현, 김자옥)

↑바나나맛우유 초기 광고

1975년 퍼모스트 제품 광고↑

← 1973~1975년 퍼모스트 제품

1976

퍼모스트와의 기술 제휴 기간 종료로, 빙그레로 상표 변경

← 1976년 7월 3일
《조선일보》

경기 광주공장 준공

1986

1988

서울올림픽 공식 공급업체 선정

1988년 빙그레 우유 광고

서울올림픽 공식 공급업체로
'굴렁쇠 소년' 윤태웅 군을 후원

1979

도농제2공장 설립

1981

←
1981년 대일유업 당시
도농공장 통근버스

→
빙그레집 광고

1982

대일유업에서 빙그레로 사명 변경

대일유업(주) ➡ 주식회사 빙그레

김해 제3공장 준공을 계기로 社名을 주식회사 빙그레로 바꾸고
종합식품회사로의 첫 출을 열었읍니다.

주식회사 빙그레, 종합식품회사로 힘찬 출발

김해 제3공장 준공으로 신속한 공급 실현

유통 현대화를 위해 판매사원 일본 유업계 파견

주식회사 빙그레

↑1982년 3월 19일 《조선일보》

김해공장 준공

그런데 빙그레가 과거 한화그룹 소속이었다니 전혀 몰랐던 사실인데…! 지금의 한화 이글스 야구단이 과거에는 빙그레 이글스라 불렸기 때문에 오히려 한국 야구팬인 아빠는 잘 알고 계시더라.

자료가 산재하여 있어 정리하는 데 시간이 꽤 걸렸지만 이렇게 펼쳐놓고 보니 바나나맛우유에 한 발짝 더 가까워진 것 같아서 뿌듯하다.

DATE. 2024. 5. 16. WEATHER. 따뜻.

몇 주 전 정리한 타임라인을 보면 1970~1980년대 바나나맛우유 단독 광고는 찾기 어렵고 대일유업 기업 광고나 아이스크림 광고가 대부분이다. 그래도 “주고 싶은 마음, 먹고 싶은 마음” 캐치프레이즈를 1990년대 초반까지도 사용하여 바나나맛우유 하면 이 문구를 떠올리는 사람이 꽤 많은 것 같다.

1973년 7월 16일 《동아일보》에 게재된 퍼모스트 기업 광고

1973年7月16日 月曜日 [2]

『위장營業』엔 重課稅

營業감찰 없는者도

個人營業 業界에 名單公開 去來단절 誘導

工場·서민住宅 優先

鐵筋 實需業者 順位정하고

론놀, 來月初 美國방문

美·日經委閣僚會議 개막

에너지危機·貿易不均衡방안등 토의

鐵鋼完製品 수입開放

越南·캐너더·日서 導入추진

北洋연魚水域 보호위해 韓國등에經濟制裁토록

美上院外交委 내년經援 또削減

12億3千3百萬달러 通過

現水準比 7百30萬달러 縮小

닉슨 高熱내려

아르젠틴 來26日總選

"27日실시하는國民投票 理由없이不參하면投獄"

찬사도 곁들인 野 視察評價書

時事漫畵

맛도 품질도 다릅니다.

퍼모스트 건강우유

- 어린이 임산부에 꼭 필요한 비타민D를 10배 이상 강화했읍니다.
- 1회만 사용하는 위생용기를 사용하며 순간 살균처리한 신선한 우유입니다.
- 최신식 이취제거기(Flash Chamber)를 도입하여 다른 이상한 냄새를 제거하므로 순수우유의 참맛을 즐길 수 있읍니다.

주제품 : 초코, 딸기, 바나나, 일반우유

Foremost

미국FOREMOST-McKESSON INC와 기술제휴

대일유업(주)

1975년 대일유업 잡지 광고

1980년대 대일유업 잡지 광고

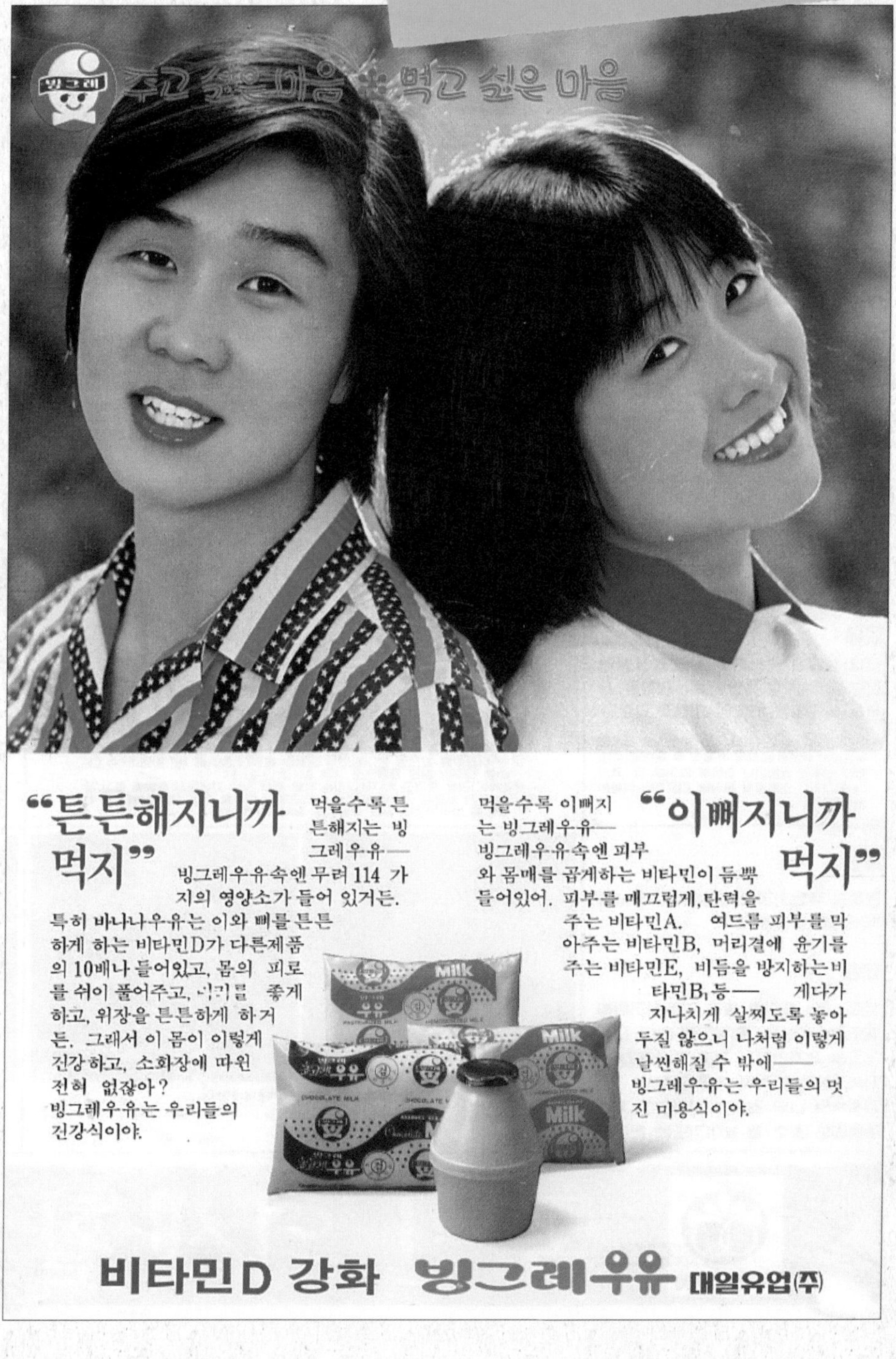

빙그레 주고 싶은 마음 먹고 싶은 마음

"튼튼해지니까 먹지"

먹을수록 튼튼해지는 빙그레우유—

빙그레우유속엔 무려 114 가지의 영양소가 들어 있거든. 특히 바나나우유는 이와 뼈를 튼튼하게 하는 비타민D가 다른제품의 10배나 들어있고, 몸의 피로를 쉬이 풀어주고, 머리를 좋게 하고, 위장을 튼튼하게 하거든. 그래서 이 몸이 이렇게 건강하고, 소화장에 따윈 전혀 없잖아?
빙그레우유는 우리들의 건강식이야.

"이뻐지니까 먹지"

먹을수록 이뻐지는 빙그레우유—

빙그레우유속엔 피부와 몸매를 곱게하는 비타민이 듬뿍 들어있어. 피부를 매끄럽게, 탄력을 주는 비타민A. 여드름 피부를 막아주는 비타민B, 머리결에 윤기를 주는 비타민E, 비듬을 방지하는 비타민B_1등— 게다가 지나치게 살찌도록 놓아두질 않으니 나처럼 이렇게 날씬해질 수 밖에—
빙그레우유는 우리들의 멋진 미용식이야.

비타민D 강화 빙그레우유 대일유업(주)

DATE. 2024. 5. 25. WEATHER. 여름이 오려나.

약 2달간 바나나맛우유에 관해 열심히 조사하고 공부하니 선배님이 이런 퀴즈를 내셨다. 바나나맛우유 마케팅팀이라면 당연히 알아야 하는 정보라면서.

와, 맙소사. 첫 번째 문제 그것도 절반밖에 모르겠는데… 95억 개! 바나나맛우유에 관해 조사하는 동안 이 문제들에 답할 수 있도록 하나씩 힌트를 찾아가 봐야지.

미션 안에 또 다른 미션이 생긴 것 같고, 좋네….

❶ 바나나맛우유 출시 이후 2023년 말 기준 판매량은 약 95억 개. 공병을 줄 세우면 지구 바퀴를 _____바퀴를 돌 수 있는 양이다.

❷ 바나나맛우유 용기는 ________________에서 영감을 받아 만들어졌다.

❸ 바나나맛우유는 1974년 출시 당시 _____ml였다.

❹ 바나나맛우유의 출시 당시 이름은 '바나나 우유'였다. O / X

❺ 바나나맛우유는 하루에 ____만 개, 1초에 ____개씩 팔린다.

❻ 바나나맛우유 로고는 1974년 출시 이후 ____번 바뀌었다.

❼ 바나나맛우유는 전 세계 _____개국에서 판매되고 있다.

❽ 빙그레는 바나나맛우유의 ____________을(를) 잘 제거하는 연구를 계속해 왔다.

이걸로 정답을 표시해야겠군!

DATE. 2024. 6. 2. WEATHER. 잠깐 비.

사내 자료실을 뒤지다가 바나나맛우유가 탄생한 1974년의 자료를 찾았다! 우아! 당시 연구소에서 결정한 바나나맛우유의 배합비를 생산팀 쪽으로 알려주는 업무지시서였다.

이해하기 어려운 숫자와 한자, 영어가 많긴 했지만 그래도 1970년대 자료를 찾아서 기쁘다!

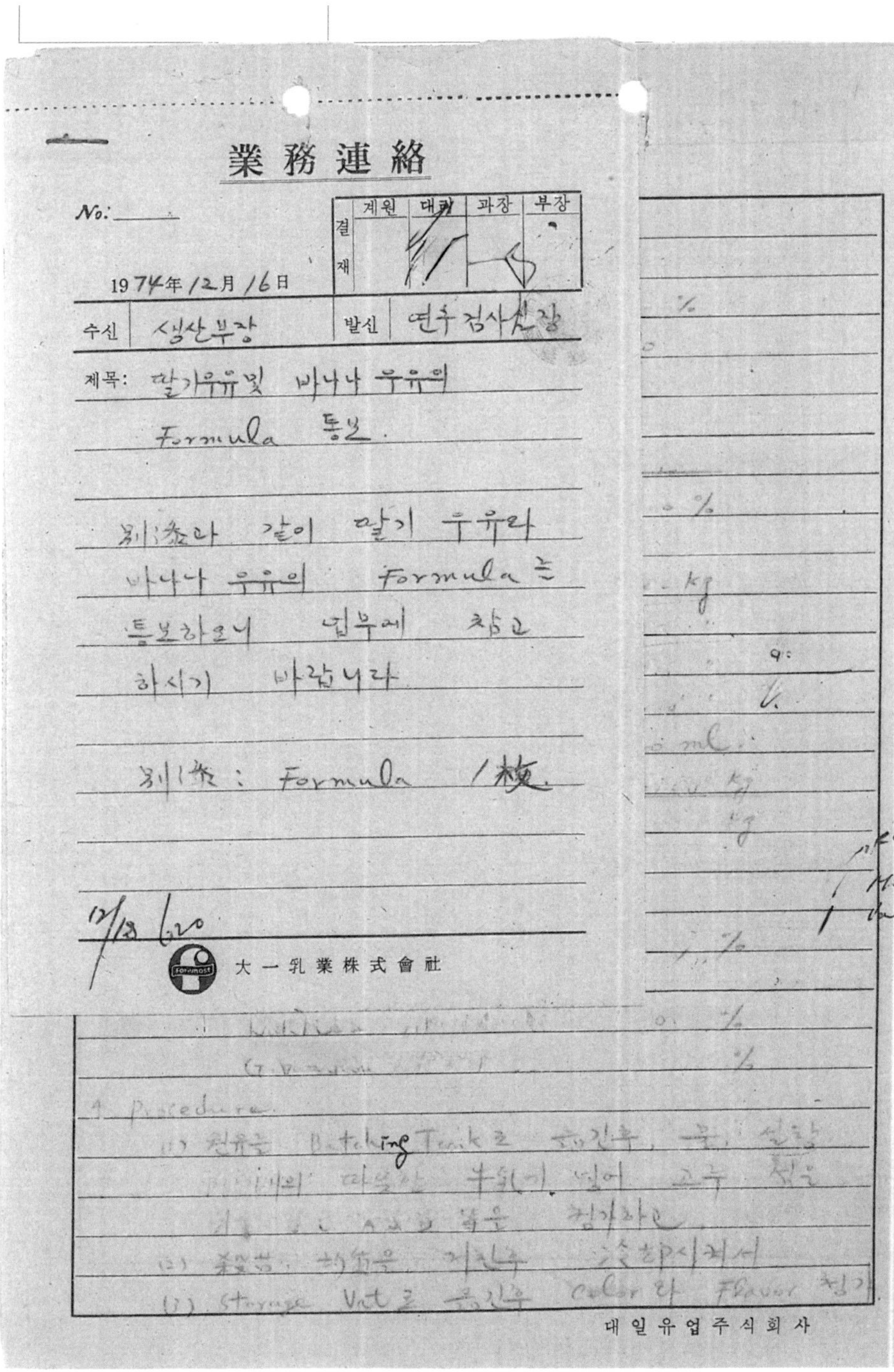

業務連絡

No:

결재	계원	대리	과장	부장

1974年12月16日

수신	생산부장	발신	연구검사실장

제목: 딸기우유및 바나나 우유의 Formula 통보.

別添과 같이 딸기 우유와 바나나 우유의 Formula는 통보하오니 업무에 참고 하시기 바랍니다

別添: Formula 1枚.

大一乳業株式會社

4 Procedure

(1) 원유를 Batching Tank로 옮긴후

(2) 殺菌, 均質을 거친후

(3) Storage Unit로 옮긴후 Color와 Flavor 첨가

대일유업주식회사

DATE. 2024. 6. 9. WEATHER. 구름 많음.

회사 내 선배분들 그리고 이미 퇴사나 퇴직한 분들을 거치고 또 거치며 몇 다리를 건너 과거 바나나맛우유 개발에 참여하셨던 분의 기록을 겨우 구했다.

오, 이제 실마리를 찾은 것 같다!

대일유업 연구원의 신제품 개발일지

1973年 3月 8日

연구소 식구들 다 함께 새로운 과제를 받았다. 바로 신제품 개발. 작년 내내 정부에서 국민의 식생활 개선과 낙농 진흥을 위해 우유 마시기 운동을 벌였음에도, 예상보다 우유 소비가 늘어나지 않은 점에 착안한 것이다.

우유만 한 건강음료도 없는데 여전히 우유에 익숙하지 않은 식문화 때문일까? 남녀노소 쉽게 즐길 수 있는 우유 제품이 있으면 좋겠다고 다들 판단했다. 한국 사람들은 아직 우유 자체를 낯설어하니 그렇다면 흰 우유나 분유가 아니라 아예 새로운 접근이 필요한데… 결국 가공유가 답인가? 기존 제품을 관리 및 유지할 최소 인원을 제외하고 연구원들 대부분 이 과제에 동참하기로 했다. 이것 참 보통 일이 아니다.

1973年 3月 20日

연구원들뿐만 아니라 영업 본부, 관리 본부 등의 의견도 청취하고 있는데 다들 이렇다 할 생각이 떠오르질 않아 답답해하고 있다. 다만 한 가지, 연구원 모두 여기에는 동의했다. “과거에 없던 맛을 만들자.” 사람들이 우유를 더 궁금해할 수 있도록, 우유가 맛있다고 느낄 수 있도록 완전히 새로운 무언가를 만들자고 함께 다짐했다.

1973年 4月 12日

찾았다! 신제품에 대한 고민이 길어지던 어느 날 회의 중 쉬는 시간이었다. 한숨 소리만 간간이 들려오고 정적이 이어지던 가운데 한 동료가 이제 막 중학생이 된 동생의 생일 선물로 바나나를 사주기로 했는데 시간 안에 백화점에 갈 수 있을지 모르겠다는 이야기를 꺼냈다. 모두의 머릿속에 전구가 켜진 순간이었다.
"이거야!" 누군가 쾌재를 불렀다.

1973年 4月 17日

"바나나맛우유", 잘 만들기만 하면 이거야말로 우리 회사의 간판 상품이 되리라는 걸 다들 어렴풋이 느끼고 있었다. 바나나는 고급 식품의 대명사로 어느 정도 여유가 있는 가정에서도 일 년에 한 번 볼까 말까 하는 과일이다. 실제로 본 적이 없는 사람도 많고. 나는 작년인가 명절에 할머니 댁에서 한 번 먹어본 게 전부인데 그마저도 한 개를 식구들과 나눠 먹어 내내 아쉬움이 남았더랬다. 이국의 맛과 향을 느끼게 하는 이 특별한 과일로 만든 가공유라면 사람들의 호기심과 기대를 충족시킬 만했다.

1973年 4月 26日

바나나가 고급 과일이라는 점이 이 제품 기획의 핵심인데 개발 단계에서는 오히려 이 부분이 우리의 발목을 잡았다. 흔한 과일이 아니라서 먹어본 사람이 별로 없었던 것이다. 월급이 보통 3~4만 원 정도인데 바나나 1관 가격이 2천 원 남짓이니 그럴 수밖에. 바나나 1관이면 설탕 3kg이나 짜장면 20그릇과 맞바꿀 수 있을 테니 어지간한 배포가 아니고서야 바나나를 살 생각은 못 할 것이다. 그러니 회의 중에 바나나에 대해 얘기하면 다들 노랗다, 길쭉하다, 비싸다, 이 말만 반복하지… 먹어보지 않고 바나나맛우유를 어떻게 만들 수 있을까. 시작부터 난관이다.

1973年 5月 9日

경리부에 사정사정해서 결국 바나나 한 송이를 사기로 했다. 경리부 박 대리는 낱개 하나만 사라고 했지만, 연구원 입만 해도 몇인데 하나를 누구 코에 붙이겠나. 우리가 속한 생산 본부 외에도 영업 본부, 관리 본부까지 한 입이라도 바나나를 얻어먹을 수 있을까 하여 오가며 다들 호시탐탐 바나나만 쳐다보더라.

1973年 5月 22日

다른 본부 동료들의 눈총을 견디며 사수한 바나나는 기대 이상으로 맛있었다. 이런 기회가 언제 다시 찾아올지 모르니 한 입 먹을 때마다 다들 맛과 감상을 받아 적었다. 사과나 배처럼 아삭한 맛은 없어도 여타 과일들과 확연히 달랐다. 달콤하고 부드러워 우유의 풍미와 잘 어우러질 것 같더라. 이 맛을 제대로 구현할 수 있다면 정말 맛있는 제품이 되리란 확신이 생겼다.

1973年 5月 25日

바나나맛우유를 목표로 배합비를 연구하는 한편 용기에 대한 논의도 연일 이어졌다. 요즘 우유는 대부분 유리병으로 유통되고 폴리팩이나 종이 포장 용기도 가능하긴 하지만, 모두 딱 들어맞는 느낌은 아니었다. 유리병보다 위생적이고 안전하면서 폴리팩이나 종이 포장보다 고급스러운 동시에 바나나라는 수입 과일에 대한 이질감을 없앨 수 있도록 한국인의 정서에 어울리는 용기가 필요했다.

1973年 5月 30日

용기에 관한 마땅한 안을 떠올리지 못한 채 지지부진한 회의가 길어졌다. 일부 연구원은 배합비를 찾는 데 몰두해야 했으므로 모든 인력이 여기에만 매달릴 수도 없는 노릇이었다.

1973年 6月 4日

다른 본부 사람들과 같이 점심을 먹다가 바나나맛우유 개발이 난항을 겪고 있다고 고민을 토로했다. 획기적인 아이디어가 필요하다는 말에 총무부 김 군이 그럼 바나나 모양이 어떻겠냐고 신소리를 해댔다. 이제 막 입사한 젊은 피라 그런지 허풍이 심하다. 그런데 영업부 서 과장이 그렇게 재미있는 제품이면 자기가 얼마든지 자신 있게 팔 수 있겠다고 호응을 보냈다. 아, 내가 정형화된 틀에 갇혀 있었나? 연구소 바깥의 관점이 필요한 순간이라는 생각이 들었다.

1973年 6月 12日

바나나맛우유 개발에 관해 사내에 여기저기 소문을 냈다. 한국인의 정서에 어울리면서 새로운 형상의 용기를 고민 중이라고 했다. 소문을 낸 지 닷새쯤 지났을까? 선전부 최 양이 찾아와 신문에서 오린 것 같은 사진 한 장을 내밀었다.

사진 속에는 둥근 도자기 한 점이 있었는데 아래 작게 '백자대원호'라고 적혀 있었다. 지난봄에 갔던 공예 전시에서 이 작품이 유독 눈에 들어와 소식이 실린 신문이나마 잘라 보관해 두고 있었던 것이라고 했다. 최 양은 이 도예 작품이 위아래가 비대칭이지만 가히 황금비율이라고 부를 만큼 안정감을 주는 형태에다 세련된 미감을 가지고 있다며 숨넘어가게 얘기했다. 군더더기 없이 맑고 흰빛만으로 깨끗하고 고아한 자태를 드러내며, 너그럽고 소박한 조형으로 무심하고 당당한 한국의 멋을 유감없이 보여주는 것 같지 않냐는 말도 덧붙였다.

"처음 이 작품을 보고 '달이 왜 여기 있지?' 싶었어요. 밤하늘에 떠 있는 달, 그중에서도 꽉 찬 보름달의 고요하고 해맑은 빛과 푸근함이 느껴지더라고요. 한국인의 정서를 담은 용기 모양을 고민하고 계신다는 이야기에 퍼뜩 생각나서 가지고 왔는데… 어머, 제가 너무 주책맞았나요."

한참 열나게 얘기하던 최 양은 스스로 머쓱했는지 도움이 되길 바란다는 말을 끝으로 자리로 돌아갔다. 백자대원호라…

1973年 6月 15日

연구소 동료들에게 선전부 최 양의 이야기를 전했더니 다들 긍정적인 반응을 내놓았다. 최 양이 보여준 도자기와 같은 종류의 작품이 마침 서울의 박물관에서 전시 중이란 소식을 듣고 동료들과 함께 보고 오기도 했다. 실제로 마주하니 최 양이 왜 그리 침이 마르게 얘기했는지 알 것도 같았다. 화려한 기교나 장식적인 요소들로 불필요한 욕심을 부리지 않고 소박한 아름다움이라는 궁극적인 본질을 담아내는 데 집중한 점이, 우리의 신제품과 잘 어울릴 법했다. 그날부로 우리는 백자대호에 관해 공부하기 시작했다.

1973年 7月 24日

현재까지 백자대호에 관해 정리한 정보는 다음과 같다. 고려에 청자가 있었다면 조선에는 백자가 있었다. 잦은 전쟁을 거치며 이웃 나라에 도예 기술을 전파했다는 정도만 알고 있었을 뿐 백자대호의 구체적인 제작 과정과 쓰임새에 대해서는 거의 아는 바가 없었다.

각종 기록과 연구 자료를 살피다 보니 조선시대 왕실 및 관청에서 주로 꿀이나 술과 같은 액체류 식재료를 담는 데 사용되었다는 점과 상부와 하부를 따로 제작 후 붙이는 방식으로 만들었다는 점이 눈길을 끌었다. 일부 미술가들이 '달항아리'라는 별칭을 붙였다는 글을 읽고 박물관에서 이 도자기를 마주한 순간이 떠오르면서 이름 참 잘 지었다고 생각했다. 한 아름 안고 싶은 모습으로 부드럽고 달콤한 것을 담고 있는 달이라니. 한국의 미를 대표하는 달항아리에 관해 새로운 사실을 하나씩 알게 될수록 바나나맛우유의 용기를 이것과 똑 닮게 만들고 싶다는 마음이 점점 더 강해졌다.

1973年 8月 9日

내가 용기 형태를 고민하는 동안 바나나맛우유 배합비 연구는 순항 중인 듯했다. 원활한 연구를 위해 실물 바나나가 또 필요하다는데 핑계 김인 듯하여 듣는 둥 마는 둥 했다.

1973年 11月 14日

달항아리 형태의 용기를 구현할 수 있는 재료 가운데 유리와 종이를 제외하니 남은 건 플라스틱이었다. 달항아리의 멋을 재현할 수 있는 플라스틱 가공 방식을 찾느라 이 나라 안에서 전문가란 전문가는 모두 만나보았음에도 해결책이 여전히 요원하게 느껴진다.
이대로 포기해야 하는 걸까.

1974年 2月 11日

몇 개월을 또 헤맨 끝에 정말 방법이 없는지 좌절할 무렵, 옆 부서의 이 대리가 한 대학의 공학박사님을 추천해 줬다. 그분이라면 해결책을 알고 계실 수도 있다면서. 마지막이란 마음으로 찾아간 그곳에서 공학박사님이 이게 도움이 될지 모르겠다며 영어로 된 논문 하나를 건넸다.

논문은 미국의 한 회사에서 플라스틱을 가공해 용기를 만드는 과정을 상세히 다루고 있었는데 그 결과물이 달항아리와 비슷해 보였다. 조선의 백자대호처럼 용기 위아래를 따로 만들어 합치는 방식이었으니 당연한 결과였다.

됐다! 달항아리와 조금이라도 가까워질 수 있다면 하늘을 날고 바다를 건너서라도 미국에 가야 했다. 지체할 겨를 없이 바로 그 회사에 연락을 취했다.

1974年 4月 22日

미국에서 두 눈으로 확인한 공정은 우리가 상상한 심미적 완성도 측면에서 매우 적합했다. "바로 이거야"라는 확신이 드는 순간이었다. 여태까지 보지 못했던 새로운 모양의 용기 제조법을 습득해서 대량생산하고, 관리하고, 제품을 무사히 유통까지 해야 하니 앞으로 또 다른 난관이 예상되었지만 말이다. 해당 설비를 마련하는 데에 대대적 비용이 들어도 신제품 출시에 필요한 투자라는 생각에 상부에 보고서를 올렸다. 이맘때 바나나맛우유 배합비를 확정하고 원재료 조달을 시작했다는 소식을 들었다.
모든 일이 순탄하게
진행 중이다.

1974年 5月 9日

설비 구축에 있어 뜻밖에도 금방 결재가 떨어졌다. 다소 과감한 제안이었기에 기다리는 동안 마음을 졸였는데 말이다. 계약부터 설비 마련까지 일사천리로 진행될 수 있었던 것은 한마음 한뜻으로 신제품을 준비한 연구원들의 마음을 알고, 기존의 관행을 깨트린 회사의 용단 덕분이었다.

1974年 9月 19日

태평양을 건너 한국에 도착한 기계를 시범 운행해 보았다. 폴리스티렌 플라스틱 재질 특유의 유연함을 톡톡히 살려 가공하니 바나나맛우유의 용기에 달항아리의 유려한 곡선과 풍만한 아우라를 담아낼 수 있게 되었다. 용기 위아래를 따로 만들어 합쳐서 공정이 다소 복잡하고 일반적인 형태가 아니기에 제품을 적재하는 데에도 일부 어려움이 있겠으나, 고급한 바나나맛우유의 특징을 제대로 전달하는 결과물이었다.

처음 백자대원호의 존재를 알려준 선전부 최 양은 용기가 반투명하여 내용물을 담았을 때 은은하게 노란빛을 내는 점 역시 달항아리의 멋스러운 빛깔을 연상시킨다며 박수갈채를 보냈다. 신제품 개발을 적극적으로 도와준 다른 본부의 동료들도 비슷한 반응이었다. 나 역시 머릿속으로 끊임없이 바랐던 형태를 마침내 구현했을 때의 감정은 이루 말할 수 없이 벅찼다. 몇 달 전 논문으로 이 기계의 존재를 알려주신 공학박사님에게도 다시 한번 마음 깊이 감사를 전하고 싶다. 그 논문이 나와 동료들을, 나아가 우리 연구소를 살렸다 해도 과언이 아니다.

1974年 12月 10日

배합비를 담당한 동료 연구원의 말을 듣자 하니 바나나맛우유 첫 번째 생산지시서를 작성하여 생산부로 보냈단다. 얼마 전 시제품을 마셨는데 달콤하고 부드러운 것이 우리가 상상하는 바나나의 맛 그 자체여서 새삼 놀랐다. 배합비를 통보했으니 이제 열흘 안으로 신제품이 정식 출시될 것이다. 모두에게 성탄절 선물이 되지 않으려나. 떨린다.

1975年 1月 22日

처음 기획을 시작한 후 회의(라 쓰고 갈등과 번민이라 읽는다)를 거듭하며 때로는 엉뚱한 방향으로 몰려가 사서 고생하기도 했지만, 2년여간 서로 머리를 맞대고 힘을 합친 끝에 작년 말 달항아리 모양의 용기에 담긴 바나나맛우유가 출시되었다. 봄에 시작해서 어느덧 두 번째 겨울이 돌아왔다며 연구소 동료들과 이 세상에 갓 태어난 바나나맛우유를 한 잔씩 들고 부딪치던 날이 선연하다. 오래도록 소비자의 사랑을 받는 제품이 되면 좋겠다.

이 기록은 여기서 끝나 있었다. 아마 일지에 미처 적지 못한 고난과 좌충우돌의 순간은 더 많았겠지? 공동의 목표를 위해 다 함께 뜻을 모아 최선의 결과를 만들어내는 과정은 언제 보아도 뭉클한 구석이 있다.

2번 문제 정답!

그나저나 바나나맛우유 용기가 달항아리에서 영감을 받아 만들어졌다니, 새로운 사실을 배웠다. 이 일지의 주인은 아쉽게도 찾지 못했지만, 선배님은 이 제품이 50여 년간 인기를 변함없이 유지하며 빙그레의 주력 상품이 된다는 사실을 그때도 아셨을까? 몇백 년간 한국인과 함께 해온 달항아리처럼 바나나맛우유 역시 앞으로도 많은 사랑을 받아서 이 이야기가 100년, 200년 후에도 전해질 수 있다면 좋겠다.

좋았어! 이 기세로 다른 선배님들 이야기도 들어봐야지.

실제 정보를 바탕으로 일부 각색하여 창작한 이야기입니다.

글: 임소라
일러스트: 포푸리

DATE. 2024. 6. 16. WEATHER. 쨍쨍.

바나나맛우유에 관해 조사하고 있다면 우선 이 분부터 만나보라는 선배님의 적극적인 추천에 패키징팀의 K팀장님을 뵙게 되었다.

패키징팀? 조금 생소한 부서였는데 알고 보니 마케팅팀과 자주 협업하는 팀이었다. 내용물을 제외한, 바나나맛우유의 구성 요소 그러니까 플라스틱 용기, 뚜껑, 멀티팩 패키지까지 패키징팀의 손길이 닿지 않은 곳이 없더라. K팀장님이 흥미로운 이야기를 잔뜩 들려주셔서 시간 가는 줄 몰랐다.

플라스틱 소재부터 완성품에 이르기까지,
바나나맛우유를 구성하는 것들

안녕하세요, 팀장님.
시간 내주셔서 감사해요!

안녕하세요, 대학에서 화학공학을 전공했고 현재는 빙그레 패키징팀에서 팀장을 맡고 있습니다. 빙그레 제품의 포장재 개발 및 개선, 친환경 소재 연구와 ESG 관련 업무를 총괄하고 있어요.

패키징팀은 원래 연구소 소속 포장개발팀이었다가 몇 년 사이 마케팅팀과 협업할 일이 늘어나고 요즘 '차별화'된 패키지가 점점 중요해지는 추세라 현재 마케팅실 소속으로 바뀌었습니다.

패키징팀이 구체적으로 어떤 업무를
하는지 조금 더 알려주세요.

주요 업무는 용기와 부자재 개발이죠. 바나나맛우유로 따지면 플라스틱 용기, 뚜껑, 멀티팩 그리고 이를 담아 옮기는 바깥의 종이상자까지요. 제품을 잘 보존할 수 있는지 품질의 측면부터, 창의성 및 독창성 등 심미적인 부분까지 고려하여 설계를 시작해요. 설계가 끝나면 생산 설비를 파악하고 생산지(공장)를 선정해요. 원하는 용기의 형태와 생산지의 설비에 최적화된 재질을 찾고 그다음 용기를 구체적으로 디자인해요. 이때 어떤 콘셉트의 디자인이 어울릴지 마케팅팀과 협업하여 용기 디자인을 결정합니다. 용기 디자인이 확정되면 이후 로고나 라벨 디자인 등은 디자인팀에서 담당하고요.

짧게 말하면, 패키징팀은 패키지의 재질, 크기, 형태를 결정하고 생산이 가능하도록 지원하는 전체 업무를 맡고 있어요. 제품을 출시한 이후에는 성능 개선을 위해 연구하는 등 소비자 요구를 충족하기 위해 다방면으로 노력하고 있습니다. 최근에는 ESG 경영 및 실천이 주요 사안으로 대두되면서 친환경 소재 개발, 재활용, 재사용성에 집중하고 있고요.

다양한 소재를 직접 다루다 보니
일종의 직업병은 없으신지 궁금하네요.
슈퍼마켓만 가도 다 경쟁사 제품이라
할 수 있으니 지나치기 어려울 것 같고요.

처음 보는 제품이나 특이한 형태의 포장재를 보면 만지거나 눌러 봐요. 과자 봉지를 만져서 대략 마이크로미터 단위로 두께를 맞추기도 하고요. 플라스틱 포장재 중에 가끔 이취가 나는 경우도 있어서 냄새도 맡아보죠. 어떤 소재로 만들었는지 냄새로 가늠해 보는데 일반적인 모습은 아닐 거예요. (웃음) 요즘은 경량화 즉, 플라스틱 사용량을 줄이는 것이 대세라 얼마나 얇게 만들었는지 알아보려고 제품을 직접 사서 찌그러뜨려 보기도 해요.

바나나맛우유의 용기 제작 과정도
궁금한데요. 저는 주로 완제품을
보니까 생산 공정을 상상하기 어렵더라고요.

순서대로 설명하면, 용기의 재료가 되는 플라스틱 그러니까
폴리스티렌(PS) 시트를 먼저 만들어요. 바나나맛우유
용기 디자인과 같이 섬세하게 성형할 수 있을 정도로
유연하면서 그럼에도 외부 충격이나 온도 변화에 어느 정도
강도를 유지할 수 있는 재질이 폴리스티렌이라 아마 1974년
당시에도 이 재질을 선택했을 거예요. 시트를 펀칭해서
상컵과 하컵을 만들고 상컵에는 로고와 표시사항을
인쇄합니다. 그다음 상·하컵을 결합하고 내용물을 넣은 후
뚜껑으로 마감해요.

바나나맛우유 용기는 상·하컵을 결합하여 만든다.

❶ 종이롤처럼 시트 제작

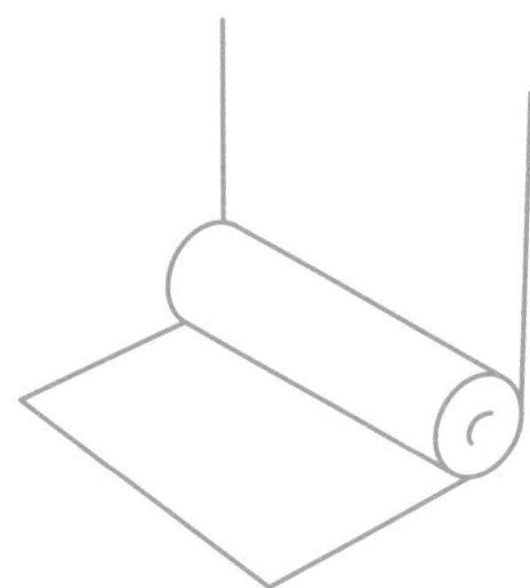

❷ 시트 펀칭으로 상·하컵을 찍어 용기 성형

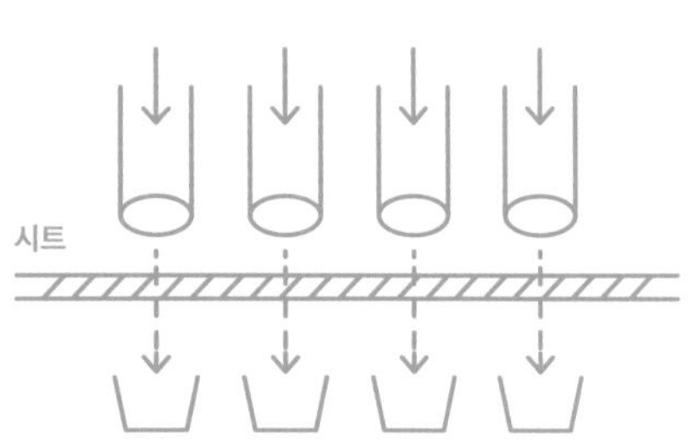

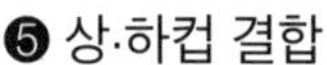

❻ 무균 상태에서 내용물을 충진하고 뚜껑을 덮음

❺ 상·하컵 결합

❸ 편칭 후 남은 시트는 조각내어
①의 공정에서 재활용 가능

❹ 상컵에 로고 및 표시사항 인쇄

바나나맛우유 용기와 부자재들

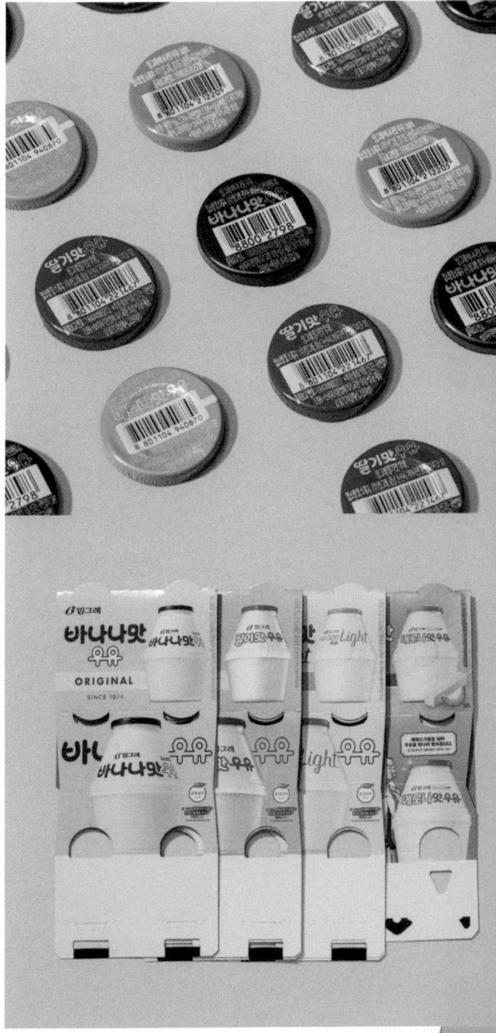

패키징팀에서 용기 외에 뚜껑, 멀티팩 등 부자재 개발까지 담당하시는지 미처 몰랐어요. 당연히 누군가의 업무일 텐데 바나나맛우유가 워낙 오래된 제품이다 보니 과거의 방식을 반복하고 있다고 생각했나 봐요.

사실 바나나맛우유 패키지 역시 계속 변화하고 있어요. 바나나맛우유 뚜껑이 예전과 비교하면 많이 얇아졌거든요. 대부분 식품이 그러한데 특히나 유제품은 유통 과정에서 품질 관리가 굉장히 중요해서 제품 변질을 방지하고자 예전에는 뚜껑을 두껍게 그리고 단단하게 고정했어요. 그래서 깔끔하게 한 번에 떼기 어려웠는데 지속적인 연구개발을 통해 제품의 품질은 유지하면서 더 얇고 떼기 편한 재질로 바꾸었고요.

멀티팩 역시 이전에는 접착식이었는데 설비를 바꾸면서 결합식으로 바꾸었죠. 소비자가 이용하기에 더욱 편리하도록이요. 각 제품을 담아 옮기는 바깥의 박스 역시 제품 특성에 맞게 따로 개발해요. 바나나맛우유는 냉장 제품이니 같은 종이라 해도 습기에 강한 재질로 만들어요. 상온 제품인 과자 박스와는 재질이 다르죠.

와, 정말 새로운 정보네요.
저는 바나나맛우유 패키지가 출시 이후
로고 외에 바뀐 게 별로 없는 줄 알았어요.

1974년 출시 때부터 지금까지 용기 모양은 똑같지만 성능은 계속 개선되어 왔어요. 바나나맛우유 용기가 일반 PET 재질보다 플라스틱을 적게 사용하고 상·하컵을 합친 형태이다 보니 충격에 취약할 수 있어서, 이 부분을 보완하고 이동 시 균일하게 품질 유지하는 방법을 끊임없이 연구하고 있고요. 같은 플라스틱 재질처럼 보여도 시대가 변화하고 기술이 발전하면서 구체적인 배합 비율은 조금씩 달라져 왔어요.

인쇄 기술의 발달로 상컵의 인쇄 퀄리티도 개선되었죠. 정교하고 세밀한 표현이 가능해졌고 식품표시사항 역시 별도의 라벨 없이 인쇄로 기재해 정보를 전달할 수 있었어요. 탄소 배출량을 줄인다는 측면에서도 의미 있고요.

최근에는 친환경 수성 잉크를 적용하는 방식을 연구하고 있어요. 독특한 형태인 만큼 바나나맛우유 용기를 유지하는 데 어려움이 물론 많았지만, 이를 고수하기 위해 다들 정말 많이 노력하고 있어요. 용기가 1974년 출시 당시와 같아 보이지만, 사실 그때와 완전히 같은 요소는 하나도 없어요.

'똑같아 보이지만, 똑같지 않다'니
바나나맛우유에 숨겨진 비밀 같아요.

안 바뀌기도 어렵죠. 환경도 바뀌고, 업계 상황도 바뀌고, 사람도 바뀌고, 어떻게 보면 모든 게 다 바뀌는 상황에서 소비자가 같은 모습으로 느낄 수 있게 하는 것이 저희 목표 같아요. 소비자가 느끼지 못하더라도, 품질이 유지되거나 더 나아지도록, 그리고 환경을 생각하는 방향으로 변화하고 있습니다.

마지막으로 팀장님께
'바나나맛우유'란 어떤 존재이자
의미를 갖는지 듣고 싶어요.

패키징팀의 입장에서 생각하면, 50년을 버텨온 용기이자 앞으로 50년을 버틸 용기랄까요. 미래에 나아갈 방향이 다양한 제품이라고 생각해요.

코카콜라 용기를 보면 형태는 크게 변하지 않았지만, 유리병에서 출발해 페트병에 이르기까지 계속 변해왔어요. 바나나맛우유가 앞으로도 계속 사랑받을 수 있도록 새로운 미래를 만들어 나가고 싶어요.

"똑같아 보이지만, 똑같지 않다" 다시 생각해도 좋은 말 같다.
앞으로 내가 마케터로서 항상 기억해야 하는 말 같고.
K팀장님이 생산반장으로 오래 근무하신 분을 소개해 준다고 하셔서
곧 그분을 만나 뵙기로 했다. 바나나맛우유 용기 생산에 관해
조금 더 잘 이해하는 계기가 될 것 같아 기대된다.

DATE. 2024. 6. 21. WEATHER. 맑음.

K팀장님 소개로 약 40년간 바나나맛우유 용기 생산 업무를 담당하신 생산반장님을 만나 뵙게 되었다.

내 나이의 1.5배에 달하는 시간 동안 같은 업무를 담당해 오셨다니, 정말 역사의 산증인처럼 느껴진다.

J생산반장님, 약 40년간 바나나맛우유 용기 생산 업무 담당.

1983년 당시 한국화약그룹 소속의 고려시스템에 입사하여 각종 플라스틱 용기 생산 담당.
여러 협력업체를 거쳐 현재까지 바나나맛우유 용기 생산 업무 담당.

바나나맛우유 용기 생산~지난 50년간 변하지 않은 것	바나나맛우유 용기 생산~지난 50년간 변화·발전한 것
√ 240ml 용량	√ 지속적인 설비 확충으로 생산 속도 및 생산량 증대
√ 단지 모양의 용기	√ 대부분 공정이 자동화되어 훨씬 위생적 & 생산성 증대
√ 모두가 좋아하는 그 맛	√ 특별하게 관리되는 클린룸 안에서 내용물을 채워 넣어 소비기한이 길어짐
	√ 인쇄 방식의 변화로 상컵에 정교한 표현이 가능해지고 속도도 훨씬 빨라짐

찾았다! 3번문제!

처음 바나나맛우유와 어떻게 인연을 맺게 되셨어요?

1983년 한국화약그룹 소속의 고려시스템에 입사했는데 각종 용기를 생산하는 회사였어요. 비행기에서 제공하는 컵이나 기차에서 보이는 도시락 용기 등을 제작했죠. 여기서 바나나맛우유 용기 상·하컵을 만들어 납품했기에 이때부터 바나나맛우유 용기 생산 업무를 했어요.

고려시스템의 거래처 중 한 곳이 홍익회라고 당시 기차 내 매점을 관리하는 단체였어요. 아마 그런 식으로 기차에서 바나나맛우유를 자주 볼 수 있게 된 게 아닐까 싶어요. 바나나맛우유도 흔치는 않고 기차 여행도 특별하던 때라 바나나맛우유 하면 자연스레 기차 여행이 떠오르게 된 것 같기도 하고요.

2000년대 초반부터 빙그레에서 용기를 직접 생산하면서 소속도 자연스레 바뀌신 거죠?

바나나맛우유 인기가 많아지면서 설비도 확충하고 생산량도 증대할 필요가 있었어요. 이러한 상황에서 내부에서 직접 관리하는 편이 낫다고 판단했겠죠.

소비자분들은 알기 어려운, 바나나맛우유 용기에 숨겨진 비밀이 있을까요?

다들 추측하실 수 있는 부분인데, 상컵에 경사가 있어서 인쇄하기 참 어려워요. 곡면에 인쇄하되 정면에서 보았을 때 바르게 보이도록 만들기 쉽지 않거든요. 이건 우리만 할 수 있다고 얘기할 만큼 자신 있어요.

그리고 용기 입구 부분을 보면 약간의 턱이라고 할까요, 살짝 들어간 구간이 있잖아요. 소비자분들은 마지막 한 방울까지 마시기 어려우니 이 구간을 없애 달라고 가끔 이야기하시더라고요. 그런데 제품 변질 방지를 위해 꼭 필요한 부분이에요. 이 턱이 있어야 뚜껑을 단단히 고정할 수 있어요. 우유가 확 쏟아지지 않게끔 잡아주는 역할도 하고요. 찬찬히 살펴보면 허투루 만들어진 부분이 없어요. 상·하컵이 접합된 허리 부분에 돌기가 있어서 소비자들이 안정감 있게 우유를 잡고 마실 수 있는 것처럼요.

바나나맛우유와 정말 오랜 시간 함께하셨어요.
반장님께 '바나나맛우유'란 어떤 존재이자 의미인가요?

동반자죠. 지금까지 기쁠 때나 슬플 때나 함께한,
떼려야 뗄 수 없는 존재예요. 인생의 반 이상을 함께했기에
제가 현장을 떠나더라도 제 옆에 항상 있을 것 같아요.

요즘처럼 바나나맛우유 용기를 오랜 시간 관찰한 적이 있을까 싶을 정도로 책상 위에 바나나맛우유를 하나 두고 며칠 내내 들여다보고 나니, 패키징팀장님과 생산반장님이 해주신 말씀이 이제야 이해되는 것 같았다.

"똑같아 보이지만, 똑같지 않다" 바나나맛우유 용기의 비밀을 알기 전 그리고 그 이후 나의 감상에도 적용할 수 있는 말 같다. 그나저나 홍익회? 기차 내 매점을 관리하는 단체가 원래 따로 있었구나. 최근 기차 내 간이 매대는 다 사라졌는데.

DATE. 2024. 6. 27. WEATHER. 소나기.

생산반장님 이야기를 듣고 기차 내 매점 영업이란 무엇인지 궁금해서 회사 조직도를 오랜만에 펼쳐보았다. 일반 소매점 외에 기차와 휴게소 등 B2B(기업 간 거래), B2G(정부 대상 거래) 영업은 특수영업으로 구분되는군.

빙그레에서 30년간 영업을 하시면서 특수영업을 20년 해오신 상무님이 계셔서 팀장님께 소개해 주십사 부탁드렸다. 상무님이 워낙 바쁘신 관계로 쫓아다니면서 특수영업이란 무엇인가 속성으로 설명을 들었다.

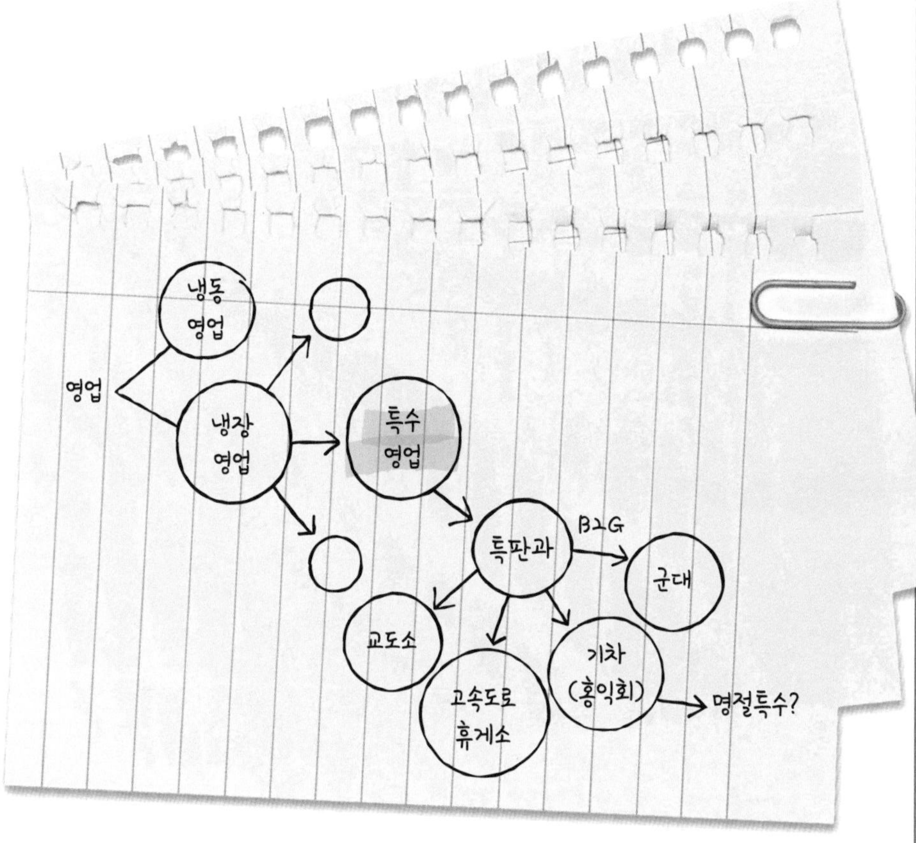
영업
냉동 영업
냉장 영업
특수 영업
특판과
B2G
군대
교도소
고속도로 휴게소
기차 (홍익회)
명절특수?

L냉장영업 상무님, 1992년 12월 입사

√ 냉장영업은 빙그레 냉장제품, 상온제품 전반 & 특수영업, B2B 영업까지 아우름.

√ 바나나맛우유 전체 판매량을 헤아려보면 하루에 100만 개, 1초에 12개씩 팔리는 꼴!

√ 특판과 (특수영업부 소속) ~ 군납, 기차(홍익회), 고속도로 휴게소, 교도소 등 대상

5번 문제 정답.

- 군부대 내 매점(PX)에서 유제품 중 바나나맛우유가 오랜 기간 인기 상품

1990년대

고속도로 휴게소(당시 고속도로 관리공단 소속, 지금은 민영화) &
서울역과 청량리역을 중심으로 기차역과 열차 내 카트에서 판매량 상당
~ 명절, 연휴에는 휴게소에서 가판 판매도 병행

1993년

국내 신유통 채널 첫 할인점이 개점하며 유통에 큰 지각변동 발생,
최근 이커머스까지.

2005년 새벽부터 홍익회에
납품 물량 배달하는 특판팀 직원들

~~ 기억에 남는 일화~~

1990년대 말

경쟁업체들의 빙그레 바나나맛우유 위주 판매에 대한 지속적인 클레임 제기로 홍익회에서 입점 제품을 최저단가 입찰에 부쳤는데 수익 관리 측면에서 입찰 경쟁에 참여하지 않음

→ 약 6개월간 기차 매점에서 바나나맛우유가 판매되지 않았는데 오히려 소비자들의 불만으로 판매가 재기되고 유리한 단가로 계약하게 됨

(이때 판단을 잘했던 것 같다)

2000년대 초중반

여러 경쟁사에서 바나나 우유를 출시한 적 있음. 오히려 가공유 시장이 커지면서 결과적으로는 이득을 보게 됨.

2000년대 중반

개성공단에 바나나맛우유를 테트라팩 형태로 직접 납품하기도 했는데 개성공단 철수 때 납품도 자동 중단 (아쉬움)

2019년부터

군대 내 장병들이 먹는 흰 우유를 일부 가공유로 제공할 수 있게 되었고, 2023년 6월 기준 바나나맛우유에 대한 장병들의 선호도가 가장 높아 압도적 1위

입사 이전에는 솔직히 영업과 마케팅 직무를 완전히 잘 구분해서 이해하지는 못했던 것 같은데 1990년대 영업 경험담을 들으니 옛날이야기 듣는 것 같고 재미있었다.

예전에는 휴게소 매대에 모형만 나와 있고 본 제품은 냉장고에서 꺼내다 주는 방식이었던 터라 진열할 견본을 페인트나 파라핀으로 만들었다고 한다. 페인트나 파라핀으로 바나나맛우유의 은은한 노란빛을 맞추는 게 쉽지 않았다는데 영업사원이 이런 일도 했구나 싶으면서 이 작은 음료를 한 번이라도 더 노출시키기 위해 각자 자기 자리에서 눈물 나는 노력을 하고 있다는 생각이 들었다.

나도 더 열심히 해야지!

1994년 추석 연휴의 고속도로 휴게소 가판 행사 전경

DATE. 2024. 7. 10.　　WEATHER. 가랑비.

요즘 세대는 완행열차에 대한 추억이 없다지만, 나는 아주 어릴 적 엄마 품에 안겨 기차 안을 오가는 간이 매대에서 과자를 사 먹은 기억이 있다. 그 간이 매대에 항상 바나나맛우유가 있었는데 평소에 지갑을 잘 열지 않던 엄마도 기차 여행 때만큼은 종종 사주시곤 했다.

"떠날 땐 언제나 바나나맛우유"란 캐치프레이즈를 쓰던 시절도 있었고, 그래서인지 기차 여행에 바나나맛우유를 연상하는 사람이 많은 듯하다.

떠나는 즐거움—
함께 가는 즐거움!

향긋해요!
신선해요!

-빙그레-
바나나맛우유
바나나향 사용

주식회사 빙그레

1989년 바나나맛우유 광고
"떠나는 즐거움, 함께 가는 즐거움"

1989년 바나나맛우유 광고
"떠나는 즐거움, 함께 가는 즐거움"

바나나맛우유 하면 기차 여행을 떠올리는 사람들이 많은 건, 얼마 전 만나 뵌 상무님께 들었듯 홍익회 영업 등 과거 빙그레 선배님들이 열심히 영업한 결과이기도 하지만 한편으로는 마케팅팀에서 적극적으로 기차 여행 캠페인을 진행한 덕분도 있지 않을까.

사보 《빙그레가족》을 사내 자료실에서 다시 한번 들추며 과거 기차 여행 캠페인 이야기를 살펴보았다.

1992년 바나나맛우유 광고
"떠날 땐 언제나 바나나맛우유"

▼ 2006년 다섯 번째 바나나맛우유 기차 여행에 함께한 지완배 씨. 당시 매일 바나나맛우유만 마시며 사는 사람으로 큰 화제를 모았다.

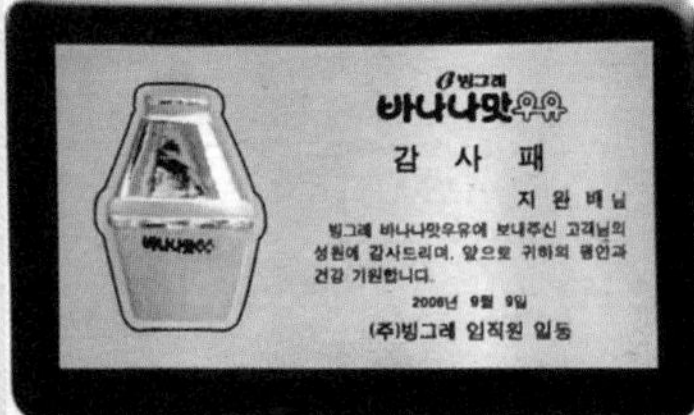

▲ 2006년 다섯 번째 바나나맛우유 기차 여행 모집 광고

◀ 2008년 일곱 번째 바나나맛우유 기차여행

◀ 2013년 열네 번째 바나나맛우유 기차여행

▲ 2014년 엄마와 딸의 특별한 데이트 — 열다섯 번째 바나나맛우유 기차여행

과거 소식을 둘러보니 '바나나맛 기차 여행'은 2001년 고객 사은 이벤트로 시작하여 연인과 때로는 모녀와, 어떨 때는 가족과 함께하며 매해 정동진, 봉평, 영덕, 대관령 등으로 목적지를 바꿔 달려 나갔다. 사랑하는 사람과 떠나는 기차 여행이라니, 얼마나 즐거운 추억이 되었을까. 바나나맛우유가 오래도록 사랑받는 데에 이런 캠페인들도 톡톡히 한몫했겠지.

그때 분위기를 조금 더 알고 싶어 과거 캠페인에 참여한 사람을 찾았다. 그러다가 2010년 열 번째 '바나나맛 기차 여행'에 탑승했던 희재맘을 블로그를 통해 발견하고 메시지를 보내 보았다.

Mail

Search

From: "BANANA"
Date: 2024-07-10 16:15
Subject: Re: Re: [바나나맛 기차 여행] 인터뷰 요청의 건
To: "희재맘"

"BANANA": 안녕하세요, 희재맘님! 블로그에 '바나나맛 기차 여행' 후기를 상세히 남겨 주신 것을 보고 연락드리게 되었어요. 해당 여행에는 어떻게 함께하게 되셨는지 궁금해요.

"희재맘": 안녕하세요, 희재맘입니다. 10여 년 전 바나나맛우유 기차 여행을 다녀왔는데 저도 오랜만에 그때의 기억을 떠올려 보게 되네요. 당시 제가 '빙바사모(빙그레 바나나맛우유를 사랑하는 사람들의 모임)' 온라인 동호회 활동을 하던 때였어요. 우울해도 달콤한 바나나맛우유 한 잔이면 기분이 좋아져서 육아도 힘든지 모르고 했거든요. 저처럼 바나나맛우유 좋아하는 사람들과 소통하고 싶어 동호회 활동을 했는데 그 인연으로 시어머니 그리고 아들 희재와 바나나맛우유 기차 여행을 떠나게 되었어요.

"BANANA": '빙바사모' 활동을 하셨구나! 여행은 어떠셨어요?

"희재맘": 사실 시어머니가 젊은 시절 일찍 사별하시고 가족과 함께 여행 다닐 일이 별로 없으셨던 터라 이때 같이 여행 가는 걸 정말 즐거워하셨어요. 서울에서 한밤중에 출발하는 열차를 타서 2010년 새해 카운트다운을 기차 안에서 맞고 울산 간절곶에서 해돋이 본 일도 기억에 남았고요.

"BANANA": 블로그 후기를 보면 아드님인 희재가 바나나맛우유를 정말 좋아하는 것 같던데요.

"희재맘": 이제 고등학생이 된 희재는 어릴 적부터 바나나맛우유를 워낙 좋아했는데 아직도 편의점에 가면 그걸 가장 먼저 집을 정도로 즐겨 마셔요. 목욕 후 찬바람 맞으며 마시는 것도 좋아하고요. 예전에 빙그레에서 주최하는 어린이 그림잔치에도 몇 번 갔었는데 희재도 그걸 기억하더라고요.

"BANANA": 바나나맛우유가 올해 출시 50주년을 맞는데요, 희재맘님에게 바나나맛우유가 어떤 존재인지 듣고 싶어요!

"희재맘": "마음까지 채운다"라는 바나나맛우유 광고 문구를 기억하시나요? 바나나맛우유는 저에게 정말 그런 존재인 것 같아요. 기차 여행이라는 즐거운 추억 덕분인지, 볼 때마다 기분이 좋고 엄마 품에 안긴 것처럼 마음이 놓이는 게 참 정이 많이 가요.

"바나나맛우유 50주년, 축하합니다!"

사내 자료실에서 《빙그레가족》을 읽고 있으니 지나가던 선배님이 무엇을 찾고 있냐고 물어보셨다. 기차 여행 캠페인에 대한 자료를 보고 있다고 하니 과거 해당 캠페인을 기획한 분을 알고 있다며 소개해 준다고 하신다. 오, 의외의 수확이다!

부드러운 곡선
흉내낼 수 없

빙그레 가족

사보
통권 제1호

1993 9/2 창간호

광고이야기 / 바나나우유

우리가 원하는 건 따로 있지,
바나나 색! 바나나 향! 바나나 맛 우유!

2000.6. JUNE

아기자기한 먹거리 이야기

I D

PW

HOME

검색 바나나

바나나의 종류

바나나의 분류

빙그레, 빙그레 http://www.bing.co.kr

바나나 우유 사랑이 유일한 공통점

'빙바사모'

"용기 모양 바뀌면요? 어휴, 그럼 안 마시죠."

인터넷 소모임 '빙바사모'의 운영자인 박정철 씨(26)는 회원들 역시 같은 생각이라고 호언장담했다.

빙바사모는 '빙그레 바나나맛 우유를 사랑하는 사람들의 모임'의 줄임말이다. 2001년 7월 포털사이트 다음에 카페를 개설, 현재 460명의 회원을 보유하고 있다. 마니아 모임인 빙바사모가 결성될 정도로 [illegible]이 인기를 끄는 이유 중 하나는 독특한 단지 모양 용기 덕분이기에 지금의 용기를 빼놓고 '빙바' 즉 빙그레 바나나맛 우유를 말하는 것은 있을 수 없다는 게 회원들의 말이다.

모임의 회원들은 10대 후반에서 30대까지 다양한 연령층으로 구성돼 있다. 연령대에 따라 '빙바'를 좋아하는 이유도 각양각색이다. 20대의 경우 '추억의 맛' 때문에 좋아한다는 의견이 많다. 한 회원은 아버지 손에 이끌려 시골로 향하던 기차역에서 연중행사로 마시는 우유가 바로 '빙바'였다고 회상한다. 또 다른 회원은 대중목욕탕에 가기 싫을 때 엄마에게 요구조건으로 걸었던 것이 또 '빙바'였다는 의견을 내놓기도 했다. 반면 이 같은 추억이 없는 10대 후반의 회원들은 맛과 용기를 좋아한다는 게 모임 동참의 이유다. (이하 생략)

*이 기사는 2003년 1월 27일자 「한경비즈니스」에 실린 기사를 다시 게재한 것입니다.

빙그레가족 47

DATE. 2024. 7. 18. WEATHER. 날씨 맑음.

선배님 소개로 과거 처음으로 '바나나맛 기차 여행'을 기획했던 전 마케팅팀장님을 뵐 수 있게 되었다. 내가 태어나기도 전에 빙그레에 재직하셨던 분이니 미처 알지 못했던 새로운 이야기를 많이 들을 수 있을 것 같아 기대된다.

《빙그레가족》 2001년 5월호에 게재된
'바나나맛우유 사랑의 기차 여행' 이벤트 소식

바나나맛 우유와 엔초 고객 사은 이벤트

국민적 제품인 바나나맛 우유와 지난 해 빙과시장 돌풍의 주역 엔초가 고객 사은 이벤트를 시행한다. 마케팅2팀(팀장 박상면)은 '빙그레 바나나맛 우유 사랑의 기차여행' 이벤트를 실시한다고 밝혔다. 4월 12일부터 5월 11일까지 인터넷과 우편엽서를 통해 신청한 커플 중 30쌍을 선발하여 5월 26일 정동진으로 기차여행을 떠나는 이번 이벤트는 바나나맛 우유의 컨셉과 제일 잘 어울리는 젊은 커플을 대상으로 실시하며 신청 첫날부터 1,000여 건이 접수되는 폭발적인 호응을 얻고 있다.

또한 마케팅1팀(팀장 이창
여 '엔초 봐봐 페스티벌' 을
의류브랜드인 스포트리플
이벤트는 엔초바의 스
자가 즉석에서 당
스틱에 새겨진
확인하면 자
으며 해당
이 행사는
간 진행된다

안녕하세요, 선배님께 이야기 많이 전해 들었어요. 예전에 빙그레 마케팅팀장님으로 계셨지요.

반갑습니다. 1991년 말 빙그레에 입사해서 마케팅실에서 일하다가 2002년에 이직했고 여러 회사를 거쳐 지금은 연세유업 대표직을 맡고 있습니다. 빙그레가 대학 졸업 후 첫 직장이었어요.

사내 자료실에서 '바나나맛 기차 여행' 관련 자료들을 보게 되었거든요. 당시 해당 이벤트를 기획한 사람이 대표님이란 이야기를 듣고 정말 놀랐어요.

'바나나맛우유 사랑의 기차 여행'은 대히트한 프로모션이죠 :) 이벤트는 2001년 처음 시작했지만 1990년대 말부터 바나나맛우유의 타깃을 젊은 층으로 확대해야겠다는 생각은 있었거든요. 그래서 이전과는 달리 '사랑'을 주제로 대학생들의 풋풋하고 순수한 사랑의 메시지를 담아 커뮤니케이션하려고 했어요. 당시 무박 2일 기차 여행이 젊은 층 사이에 유행하기 시작해서 첫 캠페인 행선지를 정동진으로 잡고 실제 연인만 참여할 수 있도록 이벤트를 기획했죠. 기차 여행 프로모션 타깃을 나중엔 가족이나 친구 등으로 확장했지만, 초기 콘셉트는 명확하게 풋풋한 사랑이었어요.

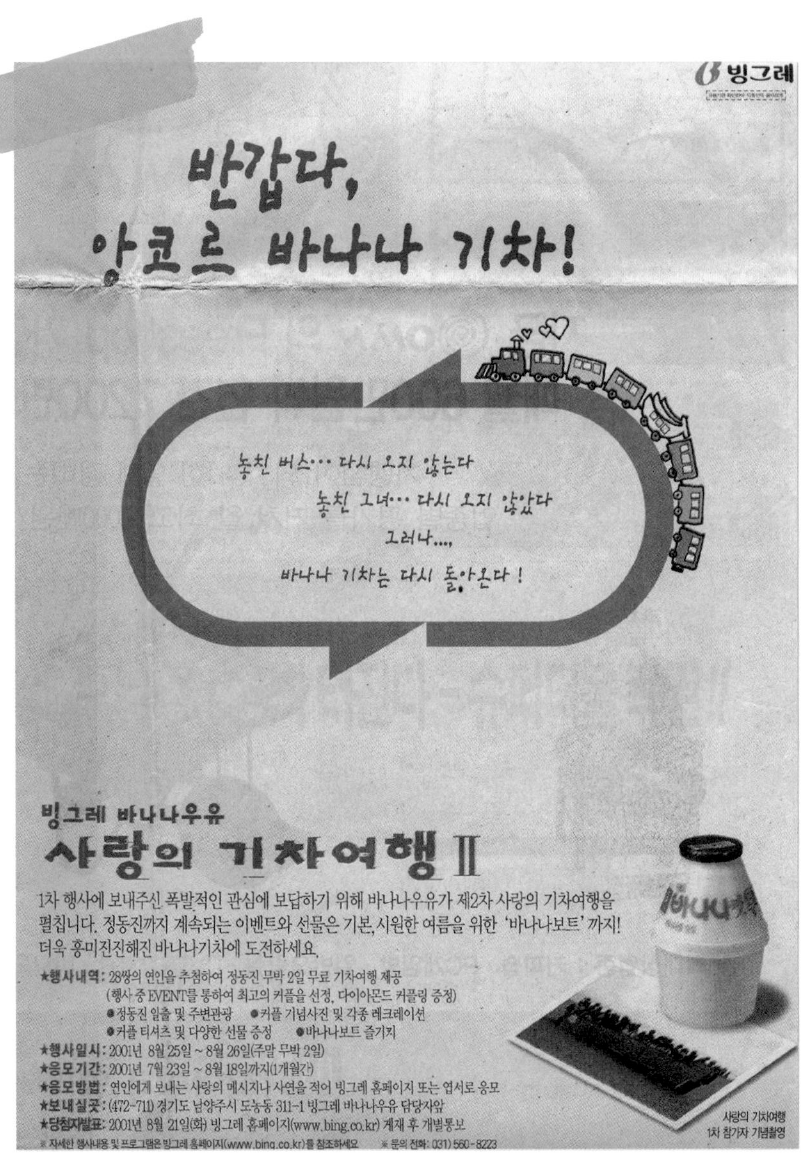

2001년 '바나나맛우유 사랑의 기차 여행' 신문 광고

1990년대 말 바나나맛우유 타깃을 확대해야겠다는 고민은 어떻게 시작하게 되셨는지 궁금해요. 저도 요즘 캠페인 타깃을 어떻게 잡고 접근하면 좋을까 그런 고민이 진짜 많거든요.

1999년쯤 바나나맛우유 매출이 별다른 이유 없이 갑자기 눈에 띄게 성장한 때가 있었어요. 광고나 판촉 활동을 하지 않는데 매출이 늘어나니까 그 이유를 모르겠는 거예요. 지금이야 인터넷으로라도 소비자의 반응을 확인하겠지만, 그때는 발로 직접 뛰어서 알아내는 수밖에 없었죠. 당시 매출은 대부분 대리점에서 발생했는데 특히 매출이 늘어난 대리점을 관찰하기 시작했어요. 목록을 추려보니 신촌, 동대문, 압구정 등 20대가 많이 모이는 지역이더라고요.

그러면서 대규모 소비자 조사를 실시했는데 그 당시의 젊은 층이 바나나맛우유 패키지 모양이 독특하다면서 주목하기 시작한 거예요. 요즘 레트로 콘셉트가 인기인 것처럼 지나간 유행이 아니라 "바나나맛우유! 새로운 발견"의 콘셉트로 이슈가 되었어요. 바나나맛우유는 변하지 않았지만, 시대에 따라 각자의 추억이 있는 거예요. 은은한 노란빛을 보고 있자면 부드럽고 달콤함 같은 이미지 그리고 청춘, 사랑이 떠오르지 않나요. 그렇게 기차 여행 캠페인을 기획한 거예요. 이때 생산설비에 대대적인 투자를 해서 설비도 교체 및 증설했어요. 생산능력과 품질이 당연히 좋아졌죠. 그리고 할인점의 등장으로 멀티팩을 출시했어요. 모든 게 맞아떨어지면서 다시 한번 바나나맛우유가 상승세를 타는 계기가 되었어요.

아, 멀티팩이 1990년대 말에 나온 거군요. 저는 어렸을 때부터 익숙하게 봐서 중간에 생겼다는 생각을 아예 못 해봤네요!

그렇죠, 1993년 겨울에야 우리나라에 처음으로 할인점이 생겼거든요. 그 이후 할인점 매대에 바나나맛우유를 어떻게 적재할 것인지 영업부와 함께 고민하다가 멀티팩을 만들었어요. 당시에 요플레 멀티팩은 이미 있었으니까 거기서 착안한 거죠.

당시에 말 그대로 발로 직접 뛰어야 알 수 있는 것들이 정말 많았겠어요. 마케팅이라는 개념도 그때는 생소했다고 하던데요?

그래도 빙그레는 마케팅의 개념과 조직을 기업에 굉장히 빠르게 적용한 기업 중 하나예요. 1993년 마케팅실이 창단되었어요. 그 아래 제품군별로 마케팅팀과 광고 홍보, 디자인, 시장조사팀이 있었죠. 이러한 조직 구조가 아마 오늘날까지 이어지고 있을 거예요. 회사에서 마케팅을 중요하게 생각해서 투자도 많이 했고요. 외부 교육이나 자문 교수 제도 등을 적극적으로 도입해서 체계적으로 직원을 교육했어요. 실제로 당시에 히트 광고나 상품들이 많이 나오기도 했죠.

바나나우유 이벤트 | 사랑의 기차여행

바나나우유 사랑의 기차여행

항아리 우유, 단지우유라는 애칭을 가지고 있죠. 28년간 사랑 받아 온 국민우유는 뭘까요? 바로 바나나우유입니다~~ 오랜 기간동안 바나나우유에 대한 변함없는 사랑, 애정에 보답하기 위해 지난 5월 19일 1차 '사랑의 기차여행'을 시작으로 8월 25일 2차 이벤트가 있었다. 2차 이벤트에는 바나나우유를 사랑하는 15,000여 명의 남녀가 참여, 한때 홈페이지의 폭발적인 접속자로 인해 전산이 한동안 … 바나나우유만큼이나 달콤하고 향긋한 사

시 10분 정동진 도착!! 조금씩 떠오르는 붉은 태양이 구름 사이로 조금씩 나왔다. 일출을 보면서 아침에 해뜨는 모습 함께 보고 싶다는 얘기를 나누었겠지. 뜨거운 포옹과 함께~ 세계에서 제일 크다는 모래시계 앞에서 단체사진 한 컷 찰칵… 7시, 경포대 순두부 마을로 이동, 뚝배기에 시뻘건 순두부가 아닌 순두부의 원조인 초당 순두부는 입속에서 사르르 녹는 담백한 맛의 멀건 국물이었다. 배를 채우

고 경포해수욕장으로 발길을 옮겼다. 한여름의 뜨거운 햇살에 초가을의 선선한 바람까지 그야말로 환상적인 날씨였다. 연인과의 스릴 넘치는 경험을 할 수 있었던 바나나보트는 좋은 추억으로 남을 것이다. 12시, 푸르른 바다와 떠다니는 배가 바라다 보이는 전망 좋은 곳에서 먹는 회는 어느 CF속의 대사처럼 "정말 끝내줘요!"였다. 약간 취기가 들어간 모습이 사랑스러워 보였는지 준비해 온 사진기로 서로의 모습을 필름에 담느라 분주하다. 동해역으로 이동, 오후 3시 … 사랑의 기차여행 하이라이트인 다이아몬드

《빙그레가족》 2001년 9월호에 게재된
'바나나맛우유 사랑의 기차 여행' 후기

빙그레를 시작으로 계속해서 식품 업계에 몸담고 계신데 그럼 식음료 특히 우유 제품 마케팅에서 어떤 점이 가장 중요하다고 생각하시나요?

지금은 마케터라기보다 대표이사직을 맡고 있어서 단언해서 말하기 어렵지만, 우유 제품뿐만 아니라 식품의 핵심 역량은 품질과 원가라고 생각해요. 이 두 가지가 바탕이 된 다음에 브랜드 마케팅이 이뤄져야 하죠. 그렇지 않으면 단기적인 성과로 끝날 거예요. 품질과 원가 우위를 확보하고 마케팅해야 바나나맛우유 같은 제품이 탄생할 수 있어요. 그런데 품질을 높이면서 원가를 낮춘다는 것이 어려운 일이잖아요. 쉽지 않은 길이지만, 이것이 핵심이니까 설비와 기술에 반드시 투자해야 하죠.

마지막으로, 대표님께 '바나나맛우유'란 어떤 존재이자 의미를 갖는지 듣고 싶어요.

바나나맛우유처럼 인지도 높은 장수 제품을 담당한 적 있다는 자부심이 있어요. 재직할 때 혁신적인 마케팅 캠페인으로 빙그레의 성장에 조금이나마 기여했다는 점이 자랑스럽기도 하고요. 바나나맛우유가 이제 50년을 달려왔지만, 앞으로 100년 가는 브랜드가 되었으면 합니다.

박상면
(前 빙그레 마케팅팀장)

전 마케팅 팀장님과의 대화 대부분이 인상적이었다. 특히, 세일즈 타깃과 커뮤니케이션 타깃은 다르므로 기차 여행 캠페인의 대상을 과감히 젊은 연인으로 한정했던 결정이 미처 생각하지 못했던 지점이라 진짜 한 수 배웠다. 그럼 당시의 광고 문구는 어떻게 변화했을까?

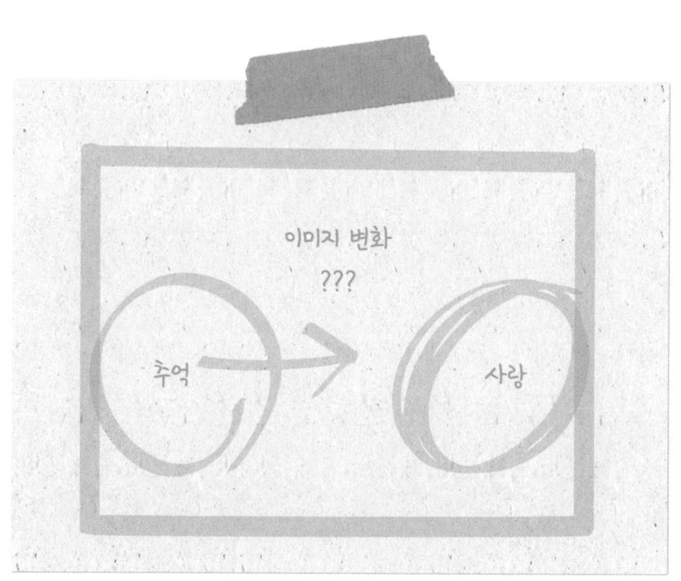

DATE. 2024. 7. 20. WEATHER. 무더위.

엊그제 전 마케팅팀장님과 대화를 나누고 나서 당시 바나나맛우유 마케팅 커뮤니케이션 방식이 어떻게 변화했는지 살펴보려고 과거 광고들을 찾아보기 시작했다. 그러다 《빙그레가족》에서 재미있는 기사를 발견했다. 2002년 7월 당시 새로운 광고 촬영 현장에 대한 내용이었다.

마음에서 마음으로,

빙그레 바나나맛

바나나맛 우유가 빙그레로 ...

부정하는

꾸준히 사랑

자 상품이

하여 이제

"이제는 어렸을 때 바나나맛우유를 먹고 자랐던
중장년층뿐만 아니라 현재 제품의 최대 향유층인
대학생들에게 어필할 수 있는 새로운 이미지가 필요했다.
이러한 배경 아래 대학생을 타겟으로 한
젊고 신선한 이미지의 새로운 TV 광고를 제작하게 되었다.
핵심 메시지는 빙그레 바나나맛우유가
단순히 마실 거리가 아닌 서로의 마음과 마음을 전하는
매개체의 역할을 한다는 내용이다.
(후략)"

김했음에

오는 유음

않지 않으리

익히 알고

한 이미지

새로운 이미지가 절실히 필요했던 것이다. 그러한 갱신을 통해서 이제는 어렸을 때 바나나맛 우유를 먹고 자랐던 중장년층 니라 현재 제품의 최대 향유층인 대학생들에게 어필할 수 있는 새로운 이 필요했다.

풋풋한 사랑을 전하는 바나나맛 우유

이러한 배경 아래 대학생을 타겟으로 한 젊고 신선한 이미지의 새로운 TV 를 제작하게 되었다. 핵심 메시지는 빙그레 바나나맛 우유가 단순한 마실거 이때를 기점으로 따뜻한 마음을 이야기하는 캠페인이 장기적으로 이어졌나 보다. 과거 사보를 읽으며 어떤 광고들이 있었는지 둘러보았다.

2002년 "마음에서 마음으로" CF 이미지.
도서관을 배경으로
남녀 대학생의 풋풋한 사랑을 그려냈다.

2002년 "나눌수록 커지는 즐거움" 광고 이미지.

이때도 캠퍼스를 배경으로
대학생이 주인공인 CF를 제작했다.

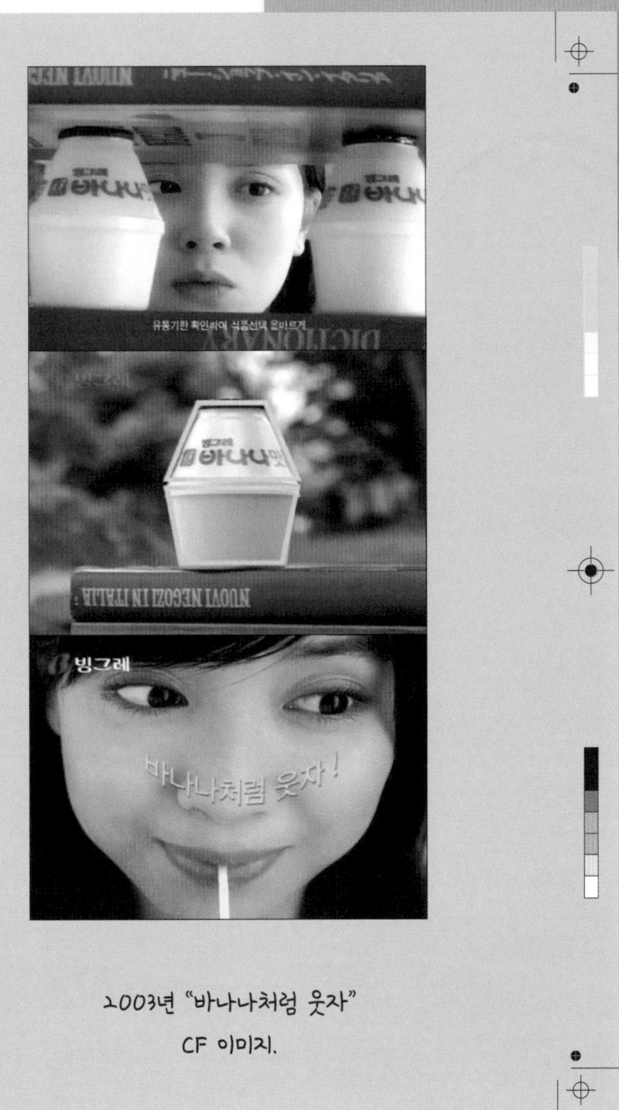

2003년 "바나나처럼 웃자"
CF 이미지.

지금 보니 주인공은 송지효 배우.
과거 자료를 보다 보면 반가운
얼굴들을 종종 발견한다.
바나나맛우유는 아니지만
김자옥 배우도 빙그레의 다른 제품
광고 모델을 한 적이 있고
김소연, 한효주 배우도 "미스 빙그레"
출신이라고 한다. 신기해!

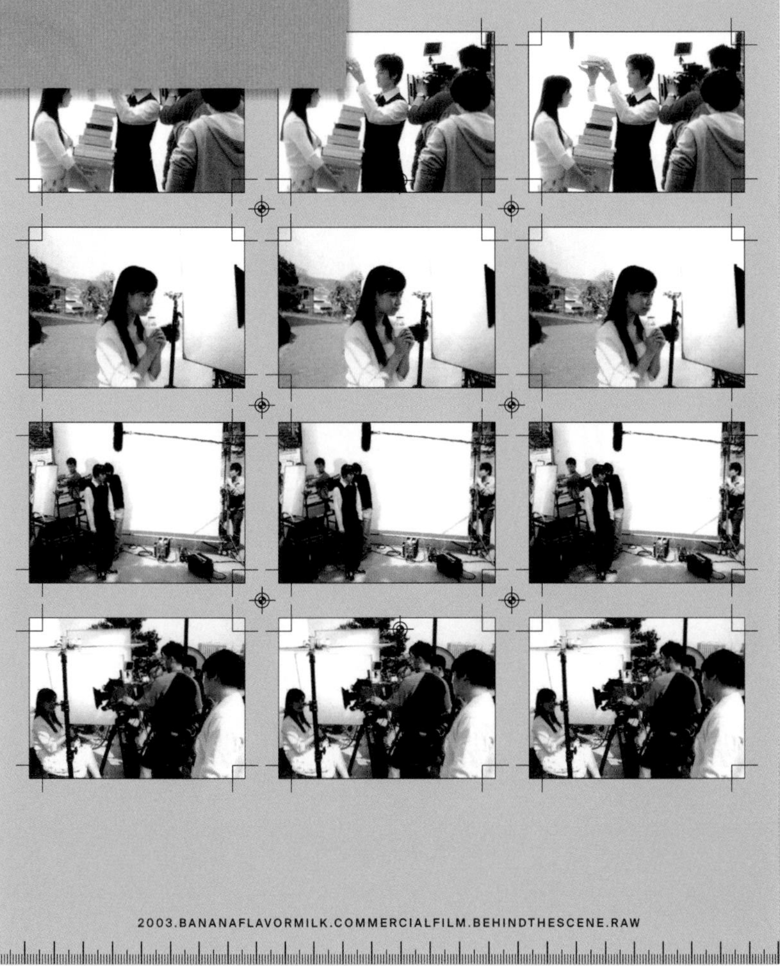

2004년 "마음까지 채운다" CF.
바나나맛우유 광고 중 오늘날까지
가장 유명한 광고가 아닐까.
이후 김창완, 이영아, 추성훈,
이민호 배우 그리고 소녀시대까지
바나나맛우유의 "마음까지 채운다"
광고에 등장한 바 있다. 당대 인기
스타는 다들 거쳐 간 듯.

2004년 "마음까지 채운다"
CF 이미지.

빙그레

변함없는 맛
변함없는 든든함
바나나맛 우유 30주년

지난 30 년간 채워주신 한결같은 사랑에 감사드립니다

페스티벌
2004.8.15 ~ 9.30

행사1 빙그레~웃자 디카공모전
행사2 빙그레~웃자 CF패러디전
행사3 빙그레~웃자 창작모형전

지금 Yahoo! 검색창에서 바나나맛 우유 검색 를 쳐보세요!
인터넷주소창에서 빙바 를 쳐보세요!

마음까지 채운다
빙그레 바나나맛 우유

2004년이면 드라마 《옥탑방 고양이》 이후 김래원 배우가 라이징 스타로 이름을 막 알리기 시작했던 시기라는데 이때 바나나맛우유는 벌써 30주년이었다니, 이렇게 비교해 보니 세월이 참 오래되긴 했구나.

바나나맛우유의 이런 따뜻한 이미지 덕분에 세대가 바뀌어도 계속해서 두루두루 사랑받을 수 있는 게 아닐까.

어릴 적 김래원 배우가 등장하는, 냉장고에서 바나나맛우유가 와르르 쏟아져 나오는 광고를 보며 진짜인 줄 알고 저런 집에서 살고 싶다고 생각했는데! 지금 봐도 부럽네.

DATE. 2024. 7. 24.

WEATHER. 너무 더움. 겨울은 언제 오나요···

최근 팀장님께 부탁드려 바나나맛우유 자료가 정리되어 있는 외장하드를 받았다. 과거 캠페인을 다시 돌아볼 필요가 있겠다는 생각이 들었는데, 사보만 살펴보는 건 아무래도 한계가 있는 것 같아서.

신입 마케터로서 이전에 없던 기발하고 새로운 무언가를 하고 싶다는 부담감이 알게 모르게 있었지만, 전임자분들도 나와 같은 고민을 매번 하셨고 그 노력의 결과로 바나나맛우유가 지금 같은 생명력을 유지해 왔다고 생각하니 과거 캠페인에서 배울 점은 무엇인지 다시 공부해 보려고 한다. 파이팅!

[마케팅팀]

“#채워바나나” 캠페인.txt

과거 자료들을 살펴보다가 2000년대 초반의 “마음까지 채운다” 광고 캠페인의 메시지가 꽤 오래 유효했구나 그런 생각을 했다. 바로 “#채워바나나” 캠페인이 있었으니까!

ㅏㅏㅏ맛우유를 한시적으로 출시하여 소비자가 빈칸을 직접 채워보게 한 것인데 공모 선정자에 한해 옥외광고도 게시했었다. 잘나가, 아자자, 사랑해, 만나자 등 사람들 대부분 응원과 긍정의 문구를 적었는데 이로써 사랑을 전하는 매개체로서의 바나나맛우유 이미지를 한 번 더 굳힌 것 같다. 힘들고 피곤한 날에도 ㅏㅏㅏ맛우유를 통해 극복하는 ‘초월 긍정 메시지’를 되새기는 것이 캠페인의 목표였다는데 제대로 통한 것이다. SNS 해시태그로 게시물을 검색해 보는 재미도 있었고.

#채워바나나 광고 이미지.jpg

그런데 제품명 일부를 지우는 과감한 선택을 하다니, 바나나맛우유 인지도가 워낙 높으니까 할 수 있는 시도였겠지?

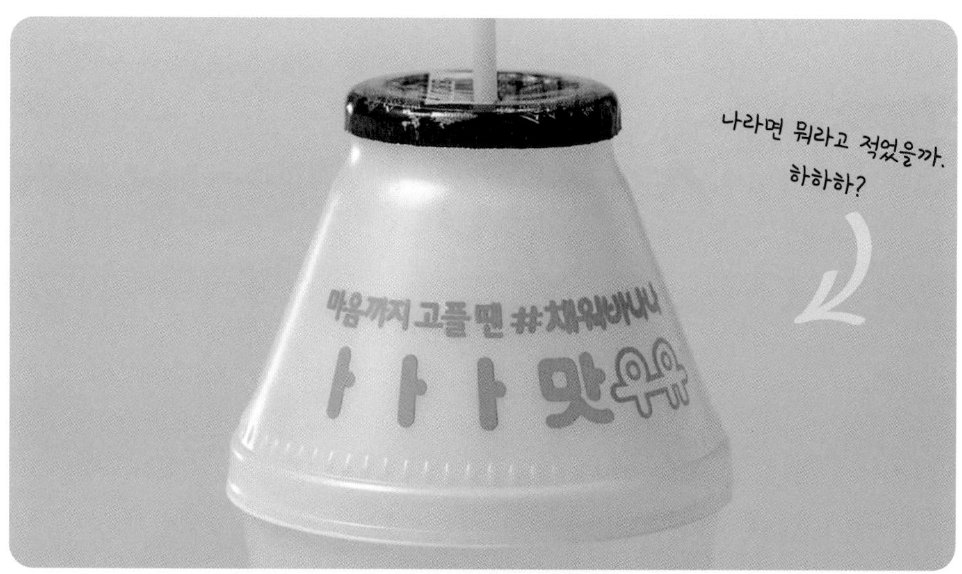

마음까지 고플 땐 #채워바나나
사랑해 맛우유

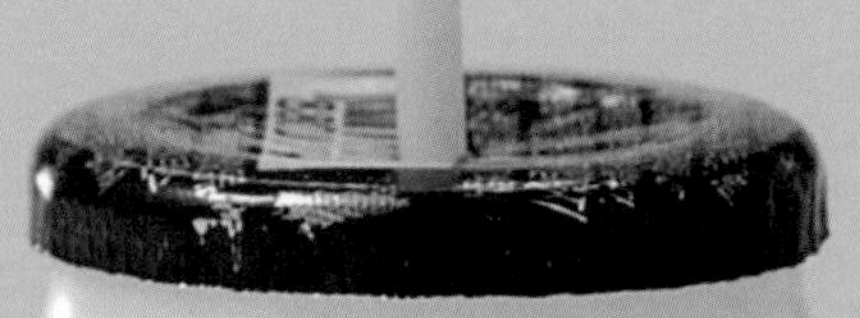
마음까지 고플 땐 #채워바나나
남달라 맛우유

"#채워바나나" 해시태그 검색.jpg

#채워바나나 해시태그로 검색해 보니 캠페인에 참여한 사람이 참 많았다.

〈 〉 #채워바나나 공모전에 선정된 사람들의 옥외광고 이미지.jpg 

선정자들의 촬영 시 친구, 연인, 가족 등 뜻 깊은 사람을 초대하여 함께 스냅사진 촬영과 앨범 제작을 지원, 또 다른 추억을 쌓을 수 있도록 했다.

옥외광고 이미지 더 둘러보기↓

#채워바나나 이벤트 내용을 인터넷에서 검색하다가 재미있는 블로그 글을 발견했다. H.O.T.의 노래 "캔디" 중 "단지 널 사랑해"에서 출발하여 바나나맛우유를 향한 애정을 고백하는 내용이었다.
와, 이 사람 뭐지…?

DATE. 2024. 7. 26. WEATHER. 무더워222.

#채워바나나 검색어를 거쳐 #바나나맛우유 해시태그로 인터넷에서 여기저기 둘러보다가 주로 자신의 일상을 공유하는 한 블로거를 발견했다. 최근 게시글에 #바나나맛우유 해시태그가 있길래 처음엔 관련 캠페인에 참여하거나 응모한 글인 줄 알았는데 사실 오래된 친구들과의 여행기였다.

첫 두세 줄에서 바나나맛우유 캠페인과 무관한 내용이라는 걸 금세 깨달았지만, 내용이 너무 재미있어서 나도 모르게 끝까지 읽게 되었다.

일상 여행

서울에서의 여름휴가

일상 여행가
1년 전

이웃

날씨가 쌀쌀해지기 시작하니 청개구리처럼 여름이 다시 그리워지면서 몇 달 전 동창들이 서울에 다녀간 날이 새록새록 떠오른다.

평상시의 나였다면 절대 건물 밖에 나가지 않았을 한여름의 일이었다. 대구에 사는 중학교 동창 셋이 한꺼번에 서울로 여름휴가를 왔다. '상경한 친구' 역할은 이제 익숙했다. 너무 몰라도 안 되고, 너무 아는 척을 해서도 안 된다. 항상 우쭐한 태도를 경계하고 겸허한 표정을 유지해야 한다. 서울에 대한 콤플렉스를 극복하지 못한 건 나도 마찬가지인데, 여기서 꾸역꾸역 버티며 산다는 이유로 매번 이런 역할을 감당해야 한다. 오늘은 또 얼마나 험난한 하루가 될지 걱정하는 동안 열차가 도착했다. 성격이 급한 내 친구들은 수많은 인파의 가장 앞에 서서 우두머리처럼 등장했다.

246 37

일상 여행가 블로그

“갸루피스~” 아이를 낳고 처음으로 장거리 여행을 온 친구 K는 인사 대신 손가락으로 V자를 만들어 내 코 앞에 들이밀며 말했다. “야 나 ‘갸루피스’라는 걸 오늘 처음 알았어!” 그러자 M이 “얘는 진짜 아무것도 모른다. 엠제트 세대도 아니다.” 했고, S가 이어서 “엠제트가 뭐냐. 엠.지. 엠.지.라고 해야지!” 핀잔을 줬다. 그때 너무 좋아서 눈물을 쏟을 뻔했다. 유행이 무엇인지 모르고, 유행을 따라잡으려 하고, 그러나 정작 그 유행을 제대로 알고 있는 사람은 아무도 없는 이 대화의 ‘기성세대’스러운 흐름이.

주차장으로 가는 내내 우리는 우리의 ‘MZ되지 못함’에 대해 말하면서 ‘레트로에서 살길을 찾아야 한다’, ‘이젠 중년의 화법을 배워 써야 한다’는 푸념에 웃고, ‘88만원 세대’, ‘5포 세대’ 같은 지나간 우리의 이름들을 떠올렸다.

나는 이날 MZ, 88처럼 사회가 붙인 알파벳이나 숫자 없이 우리의 세대를, 시절을 이야기해 보자고 제안했다. 대단한 합의가 없어도 그냥 너와 내가 함께 좋아했던 것들로. 우리가 지난날 가장 많이 함께 읽은 책은 《늑대의 유혹》이므로 우리는 ‘귀여니 세대’라 할 수 있겠다. K는 우리가 러브장이나 우정일기를 꾸미고 보내는 데 진심이었으니 추억의 팬시 잡지에서 이름을 따 ‘엠알케이 세대’라고 하면 어떠냐고 물었고, M은 중학생 때 ‘중2병 SNS’가 등장한 건 일종의 계시였다면서 우리야말로 진정한 ‘싸이월드 세대’라고 자부심을 드러냈다.

연남동으로 향하던 차가 양화대교 부근을 지날 때 우리의 이야기는 흑역사

 246  37 

일상 여행가 블로그

파트로 자연스럽게 넘어갔다. K가 '하두리 셀카'를 열심히 찍어 '도전 얼짱!' 카페에 올리고는 우리에게 투표를 부탁했던 일, 잘나가는 애처럼 보이려고 머리를 사자 갈기처럼 만들었다가 'OO중 라이온킹'으로 졸업 앨범의 전설이 되었던 S… 우리는 신나게 서로의 붉어진 얼굴에 침을 뱉었다. 웃느라 진이 빠져가던 K는 갑자기 M을 향해 쉰 목소리로 호통을 쳤다. "야! 넌 왜 얌전히 있어? 너는 귀여워 보이려고 3년 내내 빠나나우유 들고 다닌 애잖아!" 그 소리에 M은 사레가 들려 헛기침을 시작했다.

생각만 해도 애틋한 기억을 소환하는 음식들이 있다. 먹지 않겠다고 도리질을 하다 한 입 맛본 순간 혼자서 몇 판이나 해치운 할머니의 늙은 호박전, 엄마가 출근하지 않는 날 함께 게으른 낮잠을 자고 일어나 끓여 먹었던 라면, 중국에서 온 교환학생 친구가 작별을 앞두고 자취방에서 만들어 준 토마토 계란탕 같은 것. 이 많은 음식 중에서도 가장 위력적인 존재는 따로 있었다. 유치원, 교실, 학원, 캠핑장, 수영장, 목욕탕, 수련회, MT… 내가 기억하는 생의 모든 구간과 장소에 존재했던 기묘하고 신성한 단지 모양의 성물. 그것은 바로 바나나맛우유였다.

"단지 널 사랑해, 이렇게 말했지. 이제껏 준비했던 많은 말을 뒤로 한 채." 이 구절을 부르던 토니의 설레는 목소리는 이 가사 속 '단지'가 실제 토니의 여자친구 이름일 거라는 루머가 만들어질 만큼 H.O.T.의 '캔디'라는 노래를 상사병의 주범으로 만들었다. 이름도, 맛도, 모양도 로맨틱한 빙그레의 바나나맛 '단지' 우유 역시 그 시절 10대 소녀들에게 H.O.T.의 '캔디'처럼 나의 귀여움을 드러낼 수 있는 앙큼하고 매력적인 소품이었을지 모른다.

37

일상 여행가 블로그

M이 들고 다니던 바나나맛우유를 떠올리는 순간, 눈앞에 중학생 M의 모습이 선명하게 그려졌다. 손등을 덮는 긴 외투 소매, 어깨에 항상 걸치던 빨간 무릎 담요, 잘 닦고 다니지 않아 더러웠던 안경알, 슬리퍼를 질질 끌며 걷던 특유의 걸음걸이까지. 중학생 M이 만화에 나오는 4차원 미소녀처럼 늘 바나나맛우유에 빨대를 꽂아 들고 다닐 무렵, 세상은 Y2K 공포에 휩싸인 한편 우리가 새로운 인류가 될 거라 떠들고 있었다. 그러나 우리는 그 기대에 아무런 근거도 확신도 없다는 걸 일찌감치 알고 있었고, 21세기가 가져온 변화는 오직 이모티콘으로 쓰인 인터넷 소설 속에만 느낄 수 있는 것이라고 생각했다.

요즘 웹소설이라 불리는 장르의 원조격인 인터넷 소설, 어른들은 컴퓨터에 빠져서 '제대로 된' 책을 안 읽는다고 무시하곤 했지만 당시 우리에겐 여느 고전 명작 못지 않은 대작들이었다. 《엽기적인 그녀》, 《내 사랑 싸가지》, 《늑대의 유혹》. 인터넷에서 인기를 얻은 소설과 소설을 원작으로 한 영화들은 저마다 새로운 세대의 사랑법을 말하며 사람들을 모았다. 그러나 정작 이야기에 몰입하기 시작하면 작품은 점점 전통적인 순애보에 가까워졌고, 자극을 좇아 모인 사람들은 고개를 갸우뚱하다가 결국 그 마스터 플롯에 굴복하고, 절절한 눈물을 흘리곤 했다. 여기서도 단지 모양의 바나나맛우유는 바로 그 '익숙한 맛'을 담당하는 마법 같은 소품이었다. 21세기 신데렐라 스토리의 시초라 할 수 있는 드라마 《명랑소녀 성공기》, 권상우와 김하늘을 최고의 스타로 만든 하이틴 코미디 영화 《동갑내기 과외하기》, 이병헌, 송승헌, 전지현 주연의 애틋한 가족 이야기 《해피투게더》까지.

바나나맛우유는 세기말과 세기 초의 불안을 다룬 작품 안에서 시대가 흘러도 변하지 않는 가치를 상징하고, 젊은 세대가 간직한 순수함을 대변하는 중요한 장치였다. 그리고 이 코드는 어쩌면 오늘날까지 유효한 것 같다. 마음을 나누고 응원을 보태는 연결고리로 바나나맛우유 주고받는 장면을 요즘 드라마에서도 흔히 발견할 수 있으니까. 싸이월드에서 인스타그램으로, 인터넷 소설에서 웹소설로, 88만원 세대에서 Z세대로, 당대를 정의하던 방식은 계속 바뀌어 왔지만 바나나맛우유만은 같은 모습으로 그 자리에 있었다.

"나 바나나맛우유 정말 좋아해서 들고 다닌 거야. 고시 준비할 때도 매일 먹었어, 질리도록. 절대 귀여워 보이려던 게 아니라고!" 과거를 해명하는 M의 목소리엔 억울함이 가득했지만, 우리는 그 말을 듣고 그저 자지러지게 웃을 뿐이었다. 밖이 어두워질수록 예약한 식당도 가까워졌다. 우리는 그 시절의 M을 계속해서 놀리고 싶었다. 과거를 되돌아보며 '그땐 그랬지'라는 결론을 내리고 싶지 않았다. 작은 단지 속 달콤함처럼 불변하는 것이 또 있다면 그것이 우리의 우정이길 바랐다. 다 같이 더러운 안경알을 통해 세상을 노려보고, 다 같이 경계에 서서 서로의 외로움을 감싸주던 그 소중한 시간을 계속해서 누리고 싶었다.

이 포스팅을 쓰는 동안 나는 바나나맛우유의 '다 아는 맛'이 그립고, 의미 없는 주제를 던져도 대화에 끊김이 없는 내 오랜 친구들 그리고 지난 여름날의 휴가가 다시 그립다. 서로에게 일어난 크고 작은 불행들을 실없는 농담으로 해소하는 '귀여니 세대'만의 공기가 그립고, 서로의 일촌명을 몇

246 37

날 며칠 고심하던 '싸이월드 세대'만의 감수성이 그립다. K와 S와 M은 3박 4일간 덥다고 비명을 지르면서도 남산, 홍대, 강남, 여의도, 한강을 종횡무진 누볐다.

그래서 짧았던 서울 여행이 끝날 때, 우리는 더위에 지쳐 아무 말도 나누지 못했다. 그러나 우리는 아주 오래 전 우리가 맺은 "언제나 니 곁에 있을게"라는 '캔디'의 맹세가 있어 눈빛만으로도 다음을 기약할 수 있었다. 이제 나는 내가 무엇으로 불리든지 아무 상관이 없다. 결코 어떤 세대, 시대, 시간으로 특정되지 않는 바나나맛우유처럼, 나는 친구들의 모든 시제 속에서 언제나 좋은 친구로 발견되고 싶을 뿐이다. 정말이다. 단지 그것이면 된다.

88만원 세대, 러브장, 하두리 … 낯선 표현도 몇몇 있었지만 맥락상 유추하며 읽으니 따라가기 어려울 정도는 아니었다. 일부 검색해 보니 대부분 1990~2000년의 시대 풍경을 묘사한 표현들 같았고, 결국 세대를 불문하고 서로 다른 형태지만 대다수의 추억에 바나나맛우유가 존재한다는 사실이 감동적인 거니까. 이분은 아마 나랑 띠동갑 정도 나이 차이가 날 것 같은데 바나나맛우유가 만들어 준 친구들과의 추억이 나에게도 있다. 이런 지점이 역사가 오래된 제품의 강점인 거겠지? 갑자기 나도 친구들 보고 싶다!

복길 님의 원고를 바탕으로 일부 각색하여 창작한 이야기입니다.

글: 복길

DATE. 2024. 8. 3. WEATHER. 무더워333.

체감으로는 연일 40도에 가까운 무더위가 한창이다. 창밖을 내다보니 이글이글한 열기에 녹아버릴 것만 같다. 역시 침대 밖은 위험해!! 주말을 맞아 모처럼 집에서 에어컨 빵빵하게 켜놓고 침대 위에서 뒹굴뒹굴하며 시간을 보내기로 했다. 한동안 회사에 적응하느라 못 보고 미뤄두었던 웹툰이나 실컷 봐야겠다. 오랜만에 초록창에 《소녀의 세계》를 검색하고 1화부터 정주행 해본다.

앗! 예전에는 발견하지 못했는데 지금 보니 제목에 바나나맛우유 단지가 그려져 있다. 스크롤을 내리며 회차를 거듭해 읽다 보니 바나나맛우유가 심심치 않게 등장한다. 괜히 더 반갑다! 모랑지 작가님도 바나나맛우유 덕후인가? 살짝 용기를 내어 모랑지 작가님의 인별그램으로 DM을 보내보았다.

《소녀의 세계》에 대한 짧은 소개
웹툰 《소녀의 세계》는 충현고에 다니는 주인공 '오나리'와, 친구 '임유선, 임선지, 서미래' 4명의 소녀들을 중심으로 이야기가 전개된다.

1부에서는 10대 시절 학교에서 친구들과 겪을 수 있는 희로애락을 나리의 시점에서 치열하게 담아낸다. 때로는 주인공 나리가 매력적이고 예쁜 친구들과 어울리며 위축되기도 하지만 내면의 힘을 키우고 우정을 찾아가는 여정을 다룬다.

2부에서는 나리의 세계가 이성과의 관계, 첫사랑 등 다양한 인간관계와 감정을 겪으며 성장하는 과정을 보여준다.

누구나 공감할 만한 소재를 통해 주인공의 청춘을 저절로 응원하게 되는 것이 바로 웹툰 《소녀의 세계》의 저력 중 하나이다.

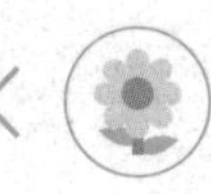

모랑지
소녀의 세계
11:41 AM
안녕하세요 모랑지 작가님! 저는 빙그레 DAIRY제품팀에서 마케팅을 담당하고 있는 신입사원입니다. 제가 《소녀의 세계》의 오랜 팬인데요! 첫 휴가를 받아 《소녀의 세계》 처음부터 정주행을 했어요. 예전에는 무심코 지나쳤는데 다시 보니 바나나맛우유가 곳곳에서 등장하더라구요! 반가운 마음에 숨겨진 이야기를 듣고자 이렇게 연락을 드립니다!

앗! 반갑습니다.
어떤 이야기가 궁금하신가요?
예전에 볼 때는 몰랐는데, 기쁠 때나 슬플 때나 나리는 항상 바나나맛우유를 즐겨 마시더라고요. 그래서 주인공 나리에게 질문하고 싶어요!

모랑지

소녀의 세계

‘오나리에게 바나나맛우유란?’

주인공 오나리에게 바나나맛우유는 가장 아끼는 ‘최애’ 음료에요! 가능하다면 대용량도 출시되었으면 바랄 정도로요!

‘오나리=오리’라는 설정을 가지고 이야기를 시작했어요. 그래서 오리의 색인 노란색을 가장 좋아하기도 하고요. 발견하셨는지 모르겠지만 첫 회에서 주인공인 나리가 처음 등장할 때 노란 패딩을 입고 등장을 해요. 그래서 노란색 음료의 대표주자인 바나나맛우유를 나리가 가장 아끼는 음료로 설정해 보았습니다.

그리고 나리가 하나에 꽂히면 오로지 한 길만 걷는 성격이에요. 그래서 처음 바나나맛우유에 꽂힌 후부터 지금까지 바나나맛우유만 마시는 것 같습니다.

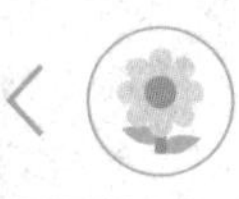

모랑지
소녀의 세계

제가 지금까지 바나나맛우유가 나온 회차를 헤아려보니 30여회를 훌쩍 넘더라고요. 아직 완결이 나지 않았기 때문에 계속해서 등장하겠지만요! 지금까지 바나나맛우유가 등장하는 장면 중에서 작가님이 가장 마음에 드는 장면을 꼽아 주실 수 있을까요?

가장 마음에 드는 장면이라면 소녀의 세계 1부 190회 '엄마와 오빠'편을 꼽을 수 있을 것 같아요. 나리네 엄마와 오빠가 크게 다투었는데, 이 둘을 어떻게 화해시키면 좋을지 나리와 아빠가 사이좋게 바나나맛우유를 마시며 이야기를 나누는 장면이에요. 바나나맛우유를 함께 마시는 장면을 통해서 나리가 좋아하는 것을 아빠가 함께 즐기고, 서로 공감하고 마음을 나누는 사이좋은 관계를 드러낼 수 있었다고 생각해요.

소녀의 세계 1부 190회
'엄마와 오빠' 편 참조

작품 속에서 다양하게 등장하는 것만큼 작가님 개인의 삶에서도 기억에 바나나맛우유에 대한 추억이 있을지 궁금해요!

개인적으로 빨대를 꽂아 마시는 음료를 좋아하는데요, 바나나맛우유는 빨대로 마시기에 최적화된 제품이 아닐까 생각합니다. 무엇보다 바나나맛우유의 국룰은 목욕탕에서 마시는 것이라 생각해요. 저도 종종 목욕탕에서 마시곤 했었는데, 진짜 맛있었어요!

마지막으로 바나나맛우유에게 전하고 싶은 이야기가 있을까요?

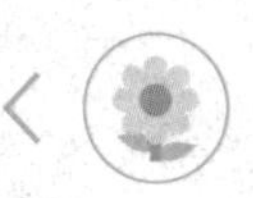

모랑지
소녀의 세계

어릴 때도, 나이 들어도 항상 맛있는 바나나맛우유! 보통 맛은 추억으로 보정된다고 하던데, 저는 언제 마셔도 항상 맛있네요. 나이 든 후에도 쭉 마시고 있을 것 같습니다.

와! 친절한 답변 감사합니다! 😍 앞으로도 모두에게 좋은 기억으로 남는 바나나맛우유가 될 수 있도록 노력하겠습니다!

작가님~ 좋은 하루 되세요!

1:20 PM

불쑥 질문 드렸는데, 친절하게 답변주셔서 감사했어요. 바나나맛우유 많이 사랑해주세요! 약소하지만 주소 알려주시면 바나나맛우유와 함께 굿즈 보내드릴께요! 사랑합니다. 꾸벅.

좋아요 5,453개

morangji3 빙그레에서 바나나우유를 어마어마하게 보내주셨습니다!!
거기에다 세상 대인배적인 면모가 보이는 편지까지 세상에나ㅠㅠ

바나나우유에는 원유가 85퍼센트나 들어간답니다! 그래서 맛있어요~

웹툰을 보면서 학창시절의 추억들이 많이 떠올랐다. 쉬는 시간 종소리가 울리기를 기다리며 발을동동 구르던 기억. 벨이 울리자 친구와 함께 전속력으로 매점을 향해 뛰어갔던 기억. 교복 치마에 체육복 바지를 입고 복도를 뛰어다니던 기억. 별것 아닌 일에도 친구와 한참을 웃고 울었던 기억. 여행을 갔을 때나, 위로가 필요할 때, 누군가에게 설렘을 느꼈을 때, 별다른 것 없는 평범한 일상에도 바나나맛우유는 함께 하곤 했다. 《소녀의 세계》에 공감하는 독자들이 많은 것만큼 바나나맛우유에도 얽힌 추억이 많을 것이라 생각하니 고객들이 보내준 이야기가 궁금해진다.

인터뷰: 모랑지(웹툰 《소녀의 세계》 작가)
이미지: 소녀의 세계 1부 190회(작가 제공)

DATE. 2024. 8. 14. WEATHER. 장마.

짧은 여름휴가를 다녀온 후 팀장님의 외장하드를 다시 살펴보고 있다. 과거 자료를 보면서 이 생각은 점점 확실해지고 있다. 지난달 블로그에서 읽은 글에서처럼 대다수의 추억에 바나나맛우유가 자리 잡게 된 건, 분명히 바나나맛우유가 오래된 제품이기 때문도 있지만, 한편으로는 때마다 적절한 마케팅 캠페인으로 생명력을 연장시켜 주었기 때문이라는 점. 팀장님, 정말 열일하셨더라… 👍

이전까지는 TV CF가 주요 광고·캠페인 채널이었다면, 2012년 "헬로, 옐로(Hello, Yellow)" 캠페인이 아마도 새로운 분기점이었던 것 같다. '바나나맛우유&토피넛' 출시를 기념하여 페이스북 페이지를 개설하는 한편 아티스트 컬래버레이션과 디자인 공모전을 진행하여 전시까지 개최했었더라. '단지, 새로운 친구를 만나다'라는 캠페인 부제에 걸맞게 바나나맛우유가 토피넛이라는 친구를 만나 한정판 시리즈의 실마리를 마련하는 동시에, 당시에는 익숙하지 않았던 컬래버레이션이라는 개념을 적극적으로 활용하여 젊은 세대의 이목을 집중시켰다.

단지 모양을 바탕으로 아티스트와 컬래버레이션하여 엽서를 디자인하고 이후 캐릭터도 만들었다.

행사 현장

이후 2013년에는 디자인 공모전에 이어 "인상 사진 공모전"을 개최한 적도 있더라. 사실 이건 잘 몰랐는데 바나나맛우유를 마시기 전과 후에 반전되는 표정 사진을 시민들에게 공모받아 역시 전시까지 한 캠페인이었다. 이런 공모전에 참여하는 것만으로도 두고두고 회자하는 이야깃거리가 생기니까 재미있었을 것 같다.

외장하드 데이터를 살펴보다가 깜짝 놀라기도 했다, 2PM의 이준호도 참여했었구나. 바나나맛우유에 대한 애정으로 직접 공모전에 참여했다고 한다. 신기해라.

다음 해 2014년에는 "청춘단시 공모전"이 이어졌다. 디자인에 사진, 시까지 2012~2014년은 공모전 3부작의 시기라고 해야 할까. 바나나맛우유를 주제로 단시를 공모받아 당선자에게는 경품과 전시의 기회를 제공했다.

정확한 수치는 잘 모르지만, 아마도 사람들이 점점 더 많이 참여하지 않았을까 싶다. 시간이 지나면서 2012년에 개설한 페이스북 유입률이 늘었을 테니 공모전 소식도 많이 알려졌을 거고, 아무래도 디자인이나 사진보다는 짧은 시가 참여하는 입장에서 부담이 덜하니까. 디자인 툴이나 카메라 같은 도구가 없어도 되고.

당선작을 살펴보는데 정말 기발한 내용이 많았다. 특히 좋았던 당선작은 바로 이것. “고민 많이 했어/ 나 이제/ 말해도 될까?” 제목은 “한 입만” ㅋㅋㅋ 누가 옆에서 바나나맛우유 마시면 꼭 한 입만 먹고 싶던데 나만 그런 게 아니었구나.

다양한 캠페인이 물론 바나나맛우유의 생명력에 활기를 불어넣었지만, 역시 뭐니 뭐니 해도 바나나맛우유가 오랜 시간 사랑받을 수 있었던 건 세월 불문 그 맛을 지켜왔기 때문이 아닐까. 부드럽고 달콤한, 상상만 해도 기분이 좋아지는 바로 그 맛! 그런데 문득 바나나맛우유가 어떻게 만들어지는지는 정작 잘 모르고 있다는 생각이 들었다. 누구한테 물어보면 좋을까?

시 더 보러가기 →

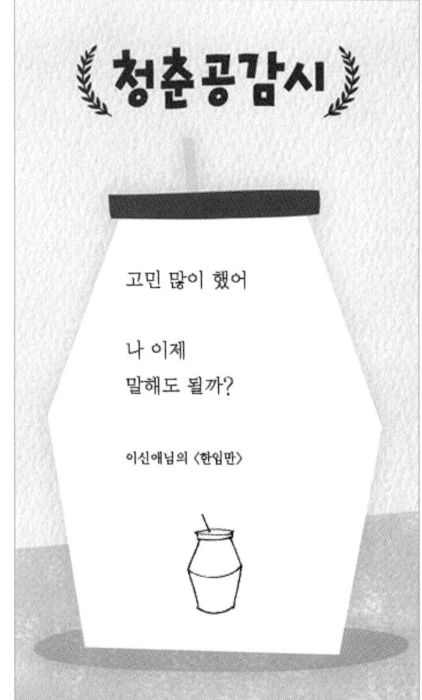

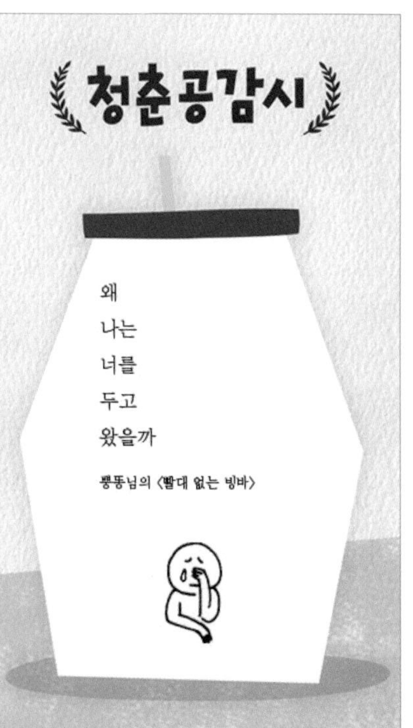

DATE. 2024. 8. 21. WEATHER. 무더위.

명색이 바나나맛우유 자료 조사 중인데 연구소 업무에 대해 너무 모르고 있는 것 같아 팀장님 통해 견학을 요청했다. 직원분들 모두 바쁘신 와중에 흔쾌히 응해주시어 연구소를 가볍게 둘러보고 대화도 나눴다. 그간 과정은 잘 모르고 바나나맛우유를 완성품으로만 바라보았다는 생각이 들어 잠깐 반성했다.

바쁘신데 시간 내주셔서 감사해요!

L: 안녕하세요, 저는 식품공학을 전공하고 2004년 빙그레에 입사했습니다. 지금은 Dairy제품연구팀의 팀장직을 맡고 있습니다.

H: 안녕하세요, Dairy제품연구팀의 연구원으로 바나나맛우유와 유단백 음료를 주로 담당하고 있습니다. 저도 식품공학을 전공했고요.

사실 식품 연구원의 직무에 대해
제가 잘 모르고 있었던 것 같아요.

H: 연구소라고 하면 대부분 신제품 개발만 하는 것으로 많이들 생각하시는데, 실제로는 신제품개발 및 지원업무 뿐만 아니라 기존 제품의 개발 및 개선, 관련 원자재 개발 및 개선, 시장조사 및 경쟁제품 분석, 그리고 실험실 및 실험기기 관리까지 다양한 업무를 하고 있습니다.

신제품 개발은 마케팅 연구소 협업에 의해 진행되는데, 소비자에게 전달할 수 있는 제품의 컨셉, 키 메시지, 소비자 커뮤니케이션, 패키징 및 디자인 차별화 부분은 마케팅에서, 제품의 관능구현 및 스케일업, 생산 및 품질과 관련된 부분은 연구소에서 담당하고 있습니다.

아, 맞아요. 법규가 바뀌면서 '바나나향 우유'가 될 뻔했다는 기사를 본 적 있어요.

L: 소비자들은 원래 '바나나 우유'였는데 관련 법규로 '바나나맛우유'가 된 걸로 알고 계시기도 하더라고요.

4번 정답!

1974년 출시 때부터 바나나맛우유는 '바나나맛우유'였어요. 그런데 2009년경 법규가 바뀌면서 과즙이 포함되지 않은 음료에는 '~맛'이라는 이름을 붙일 수가 없는 거예요. 저희는 제품명을 바꾸고 싶지 않았기 때문에 과즙을 넣으면서 기존의 맛을 지킬 방법을 연구해서 오늘날 바나나맛우유를 유지할 수 있었어요.

식품 관련 규정이 대부분 엄격하다 보니 어려운 점이 많을 것 같아요. 그중에서 특히 유제품 산업이 다른 식품 산업과 차이점이 있다면 무엇이라고 생각하세요?

H: 식품 회사의 생산 현장을 가보면 생각보다 수작업 비중이 높은데 유제품 산업은 대부분 산업화되어 있어요. 유제품 가공의 역사가 워낙 오래되기도 했고 대규모 설비가 필요한 장치산업이라서요. 따라서 각종 생산설비 및 생산현장에 대한 지식도 필요하죠. 유제품 산업의 또 다른 특징으로는 다른 식품과는 달리 미리 생산할 수 없다는 점이에요. 상하기 쉬우니까요. 그리고 여름에는 소의 젖이 겨울보다 적게 나오는 등 원유 생산량에 차이가 있어요. 이러한 시기별 차이도 잘 조율하여 균일한 품질의 제품을 생산할 수 있도록 돕는 것도 연구원의 일이에요.

균일한 품질의 제품이라, 말만 들어도 어쩐지 어려운걸요.

L: 사실 계절에 따라 원유의 지방 함량도 조금 달라져요. 이런 편차를 없애기 위해 지방 함량을 맞추는 표준화 작업을 진행하기도 합니다. 색소도 당근에 많다고 잘 알려진 카로틴이라는 색소를 사용하고 있어요. 사실 지난 50년 동안 대내외적으로 변하지 않은 것이 거의 없음에도 바나나맛우유가 한결같아 보인다면 그렇게 유지될 수 있도록 많은 사람이 보이지 않는 곳에서 노력했기 때문이에요. 요즘은 기술의 발전으로 특별하게 관리되는 클린룸 안에서 충진하여 소비기한이 늘어나는 등 긍정적인 변화만 있었죠.

사실 바나나맛우유는 다른 가공유에 비해 배합이 굉장히 단순한 제품이에요. 원유 85.715%에 정제수, 설탕, 바나나농축과즙, 카로틴, 향료, 원료가 이것뿐이에요. 저희만 사용하는 향료의 배합이라든가 특별한 요소가 있긴 하지만, 이처럼 품질에 대한 꾸준한 노력으로 오늘날 독보적인 제품이 된 것 같아요.

이야기를 계속 듣다 보니 연구소 직원분들이야말로 바나나맛우유의 아주 작은 변화도 가장 먼저 알아차리는 분들이 아닐까 싶어요. 바나나맛우유 관련하여 기억에 남는 일화는 없으신가요?

L: 바나나농축과즙의 재료가 되는 바나나 농축 퓨레를 인도의 바나나 농장에서 공급받는데요, 거기서 개최하는 세미나에 참석한 적이 있어요. 엄청나게 넓은 밭에 바나나가 자라고 있는 모습도 인상적이었는데 무엇보다도 바나나 가공 공정이 너무나 체계적이고 청결한 거예요. 사람 손을 아예 타지 않도록 절차가 잘 갖춰져 있어서 다시 한번 안심할 수 있었어요. 품질을 의심하지 않아도 되겠더라고요.

마지막으로, 여러분께 '바나나맛우유'란 어떤 존재이자 의미인지 듣고 싶습니다.

H: 빙그레의 근본이라고 생각해요. 지금의 빙그레가 있을 수 있게 했고, 앞으로 새로운 도전을 위한 밑거름이자 후원자로서 아주 중요한 존재죠.

L: 개인적으로는 월급 주고 밥 먹여주는 고마운 존재고요. 바나나맛우유의 원유 함량이 워낙 높잖아요. 우유에는 단백질, 탄수화물, 지방에 칼슘까지 들어있어 아이들 성장에 정말 필요한 식품이에요. 우유만큼 이 정도로 영양가 있으면서 저렴한 식품은 별로 없다고 생각해요.

연구소분들이 이렇게 사명 의식을 가지고 바나나맛우유를 관리하고 계신다니, 나는 어떤 역할을 할 수 있을지 또 고민하게 된다.
오늘 진짜 덥다. 일단 바나나맛우유 하나 마시면서 퇴근해 보자!

DATE. 2024. 8. 25. | WEATHER. 장대비

보이지 않는 곳에서도 빙그레 직원분들이 항상 꾸준히 노력해 왔기에 바나나맛우유가 오랜 시간 높은 품질을 일관되게 유지할 수 있었음을 연구소분들을 만나 뵙고 더 절실히 느끼게 되었다. 바나나맛우유만 그대로 마셔도 충분히 맛있지만, 떡볶이 같은 분식에도 잘 어울리고 커피에 타 마신다는 사람도 많더라. 다들 바나나맛우유를 어떻게 즐기고 있는지 듣고 싶어서 오픈채팅방을 열어 여기저기 물어봤다.

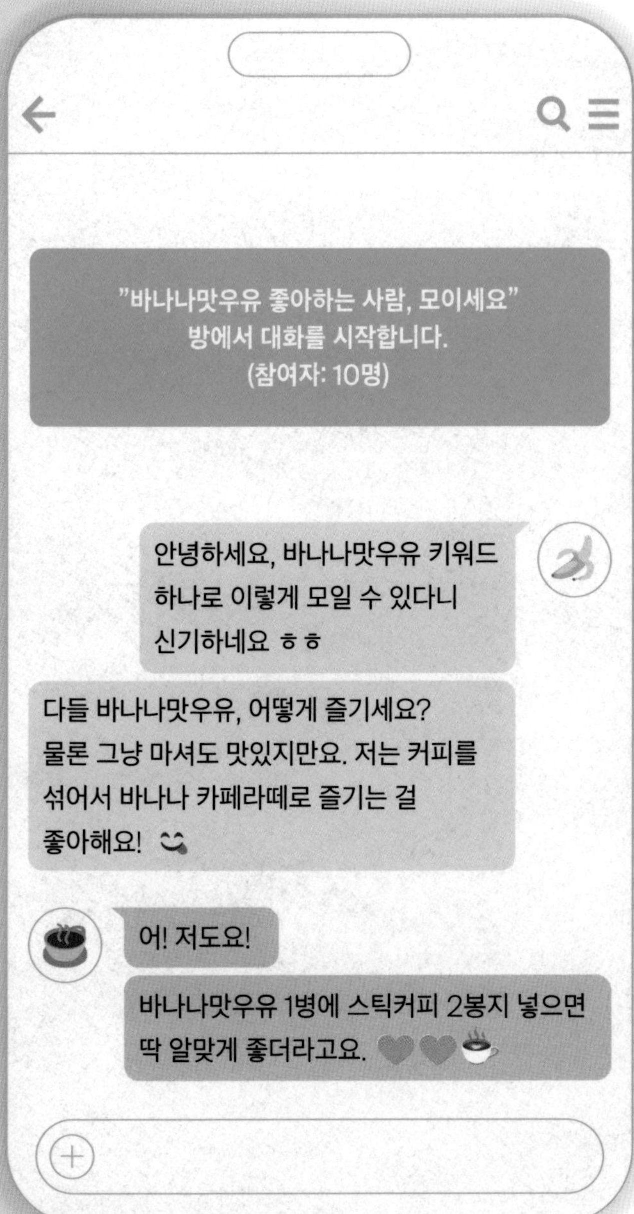
"바나나맛우유 좋아하는 사람, 모이세요"
방에서 대화를 시작합니다.
(참여자: 10명)
안녕하세요, 바나나맛우유 키워드 하나로 이렇게 모일 수 있다니 신기하네요 ㅎㅎ
다들 바나나맛우유, 어떻게 즐기세요? 물론 그냥 마셔도 맛있지만요. 저는 커피를 섞어서 바나나 카페라떼로 즐기는 걸 좋아해요!
어! 저도요!
바나나맛우유 1병에 스틱커피 2봉지 넣으면 딱 알맞게 좋더라고요.

저는 콜라를 섞어 마셔요.

괴식이라고 하는 애들도 있는데
바나나맛우유 7에 콜라 3, 여기에
설탕까지 반 숟갈 정도 넣으면
진짜 달고 맛있어요.

콜라와의 조합은 진짜 신선하네요.

미숫가루랑도 잘 어울리는데,
바나나맛우유 1병에 미숫가루 2큰술,
꿀 1큰술 정도 넣어 섞어 마시면
든든하니 식사 대용으로도 좋아요.

어?! 식사 대용이라면
아보카도도 괜찮아요.

믹서기에 바나나맛우유 1병,
아보카도 반 개를 넣고 갈면 간편하고
맛도 좋은 건강음료로 딱이에요.

다들 되게 건강하게 챙겨 드시네요;;

저는 매운 라면 먹을 때 진정제처럼
바나나맛우유를 옆에 두거든요.
얼얼한 혀를 달래기 좋죠.

그렇게 즐기는 분도 많더라고요.

저는 플레인 스콘 먹을 때 바나나맛우유가 생각나던데! 🍰😍😍
잼이나 크림 대신 바나나맛우유를 곁들이면 단맛도 보충되고 스콘을 물리지 않고 계속해서 먹을 수 있어요.

오, 저는 바나나맛우유를 재스민차나 녹차에 섞어 마셔요. 요즘 같은 여름에는 여기 얼음을 넣으면 꿀떡꿀떡 시원하게 마시기 좋죠. 다음에는 여기에 스콘도 곁들여 먹어봐야겠어요.

시원하게 즐긴다면 바나나 셔벗도 괜찮아요. 바나나맛우유를 냉동실에서 3시간 정도 얼린 다음에 긁어 먹으면 얼마나 맛있게요~

오, 저는 빙수처럼 먹는데! 바나나맛우유를 그릇에 담아 통째로 얼린 다음 그 위에 좋아하는 과일을 고명으로 얹어서 먹으면 돼요. 

요즘 날이 더워 그런가 얼려 드시는 분들이 많네요.

저는 살짝 얼어서 살얼음이 낀
바나나맛우유에 따끈한 카스텔라 빵을 넣어
아포가토처럼 떠먹는 걸 좋아해요 :)

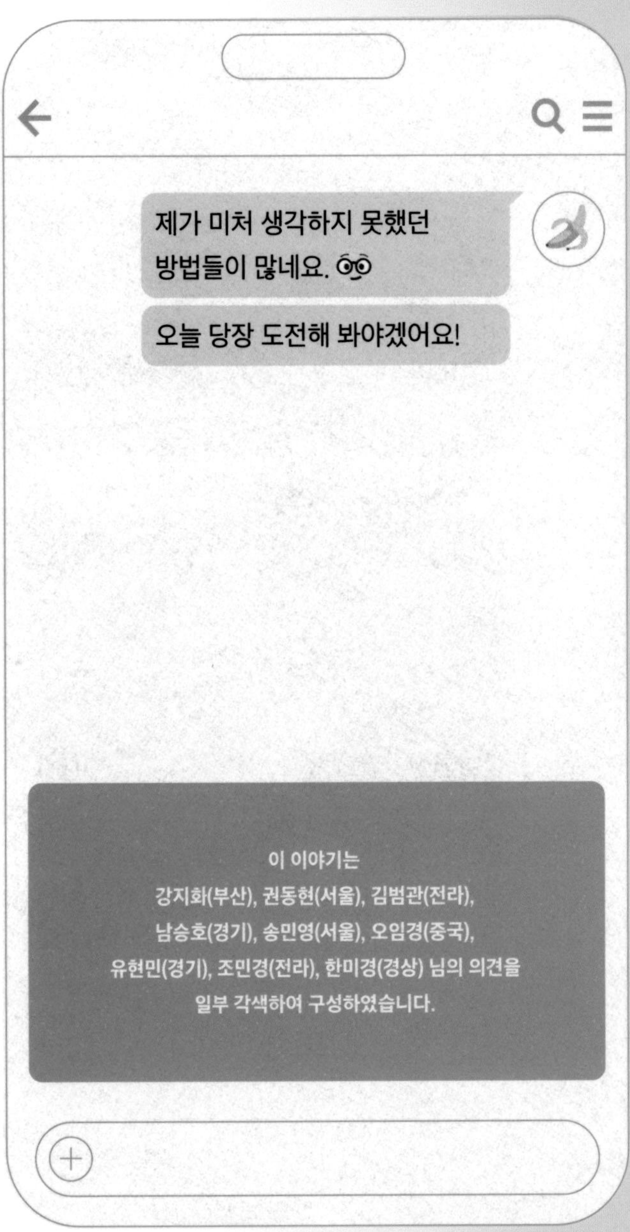
제가 미처 생각하지 못했던
방법들이 많네요.
오늘 당장 도전해 봐야겠어요!
이 이야기는
강지화(부산), 권동현(서울), 김범관(전라),
남승호(경기), 송민영(서울), 오임경(중국),
유현민(경기), 조민경(전라), 한미경(경상) 님의 의견을
일부 각색하여 구성하였습니다.

이후로도 오픈채팅방에서 바나나맛우유를 더 맛있게 즐기는 팁에 관해 한참 동안 이야기가 오고 갔다. 좋았어, 오늘 저녁은 바나나 핫케이크다!

일러스트: 임기환

DATE. 2024. 8. 28. WEATHER. 맑음.

며칠 전 오픈채팅방에서 각양각색으로 바나나맛우유 즐기는 방법을 실컷 이야기하고 나니 바나나 팬케이크를 만들어 먹고 싶어서 방법을 찾아보다가 백종원 선생님과 진행한 "마이테이스트" 캠페인을 발견했다.

바나나맛우유를 활용한 다양한 요리법을 알려주는 캠페인인데 유튜브에 레시피 영상이 올라와 있으니 쉽게 따라 할 수 있어 좋았다.

마이테이스트

바나나맛우유로 단지팬케이크 만들기

빙그레 바나나맛우유
출시 50주년

 2.7천  194

재료:
바나나맛우유 1/2개, 달걀 1개, 팬케이크 가루 종이컵으로 2컵 반
(지름 12~13cm의 팬케이크 4장 정도의 분량)

→
단지팬케이크 레시피
유튜브에서 확인하기

I.

단지팬케이크

1 큰 그릇에 바나나맛우유 1/2개, 달걀 1개, 팬케이크 가루 2컵 반을 넣고 잘 섞어주세요. * 단지 허리선에 맞추면 1/2개의 양을 쉽게 계량할 수 있어요.

2 키친타월에 식용유나 버터를 묻혀 팬을 기름 코팅하고 반죽을 부어주세요.

3 앞뒤로 노릇하게 구워주세요. * 반죽에 뽀글뽀글 기포가 올라오면 뒤집어요.

4 예쁜 그릇에 과일, 크림 등 토핑과 함께 꾸미면 완성!

함께 먹으면 더 맛있는 바나나맛우유 생크림 만들기

❶ 휘핑크림 250g, 바나나파우더 40g, 바나나맛우유 30g을 휘핑기에 넣어주세요.
❷ 뚜껑을 닫고 휘핑 가스를 투입 후 흔들어주세요.
❸ 팬케이크 위에 예쁘게 뿌려주세요.

마이테이스트

바나나맛우유로 단지푸딩 만들기

빙그레 바나나맛우유
출시 50주년

 2.7천  194

재료:
푸딩 – 바나나맛우유 1개 반, 달걀 3개, 황설탕 3큰술, (판 젤라틴 2장(4g))
시럽 – 황설탕 3큰술, 정수물 2큰술
(푸딩 약 5개 정도의 분량)

→
단지푸딩 레시피
유튜브에서 확인하기

II.

단지푸딩

1 팬에 설탕과 물을 1:1 비율로 넣어주세요. 휘젓지 않고 가만히 끓여주면 색깔이 까맣게 되면서 시럽이 만들어져요.

2 준비한 전자레인지용 그릇에 버터를 바르고 시럽을 바닥에 깔릴 만큼만 부어주세요.

3 큰 그릇을 준비해서 달걀 3개, 설탕 3큰술을 넣고 바나나맛우유 1개 반을 넣어주세요. * 단지 허리선에 맞추면 1/2개의 양을 쉽게 계량할 수 있어요.

4 설탕이 완전히 녹을 때까지 잘 섞어주고, 고운 체로 한 번 걸러서 시럽을 깐 그릇에 살포시 부어주세요.

5 전자레인지에 넣고 2분! (반죽 양에 따라 시간은 조절해 주세요)

6 실온에 두거나 냉장고에 넣어 푸딩을 하루 동안 식혀주세요.

7 예쁜 그릇을 푸딩 위에 올리고 뒤집으면 완성!

탱글탱글한 푸딩 식감을 만들기 위한 팁

❶ 위의 레시피 네 번째 단계에서 달걀은 노른자만 사용해 주세요.
❷ 판 젤라틴을 사용하면 더 탱글탱글한 식감을 만들 수 있어요.

1. 판 젤라틴은 찬물에 담가 10분 정도 불려주세요. (반죽 양에 따라 젤라틴 양을 조절해 주세요)
2. 만들어놓은 반죽을 그릇에 붓기 전, 불린 젤라틴을 넣고 잘 저어주세요.
   따뜻한 반죽에 넣으면 젤라틴이 뭉치지 않고 잘 녹아요!
3. 고운 체로 한 번 더 거른 후 시럽을 깐 그릇에 부어 냉장고에서 하루 동안 굳혀 주세요!

마이테이스트

바나나맛우유로 단지쉐이크, 단지라떼 만들기

빙그레 바나나맛우유
출시 50주년

 2.7천  194

재료:
단지쉐이크 – 바나나맛우유 1개, 투게더 아이스크림 3~4큰술
단지라떼 – 바나나맛우유 1/2개, 커피 믹스 1봉

→
단지쉐이크 레시피
유튜브에서 확인하기

→
단지라떼 레시피
유튜브에서 확인하기

III.

단지쉐이크

1 바나나맛우유, 투게더 아이스크림을 믹서기에 넣고 잘 갈아주세요.
* 믹서기가 없다면 큰 그릇에 바나나맛우유와 아이스크림을 넣고 섞어주세요.

2 컵에 붓고 취향에 맞게 토핑을 얹으면 완성!

IV.

단지라떼

1 바나나맛우유 1/2개를 컵에 부어주세요.
* 단지 허리선에 맞추면 1/2개의 양을 쉽게 계량할 수 있어요.

2 전자레인지에 약 2분간 따뜻하게 데워주세요.

3 커피 믹스 1/2 ~1개를 넣고 잘 저어주면 완성!
* 커피 양은 입맛대로 조절해서 넣어도 좋아요.

"마이테이스트"를 보다가 유튜브 알고리즘을 타고 다른 레시피들도 구경하게 되었다. 바나나맛우유를 활용한 레시피가 꽤 많더라. 신기해. 하나씩 따라 해봐야지!

각 레시피는 2인분 기준

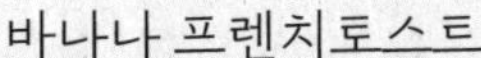

바나나 프렌치토스트

재료: 바나나맛우유 1/2개, 식빵 3장, 달걀 2개, 버터 10g

❶ 큰 그릇에 달걀 2개를 풀고 바나나맛우유 1/2개를 부어 잘 섞은 다음 식빵을 푹 담가 적셔주세요.
❷ 버터를 두른 팬에 달걀물 적신 식빵을 노릇노릇 구워주세요.
❸ 접시에 담으면 설탕 없이도 달콤 바삭한 프렌치토스트 완성!

녹차 바나나 라떼

재료: 바나나맛우유 2개, 녹차 가루 40g, 꿀 또는 연유 약간

❶ 녹차 가루에 뜨거운 물을 조금 넣어 잘 섞어주세요.
❷ ①에 꿀 또는 연유를 넣고 마저 잘 섞어주세요.
❸ 각자 잔에 ②를 나누어 넣은 다음 그 위에 바나나맛우유를 부어주세요.
❹ 잘 저어 맛있게 마셔요.

노 오븐 바나나 컵케이크

재료: 컵케이크 — 바나나맛우유 1개, 달걀 2개, 팬케이크 믹스 300g, 딸기잼 20g, 딸기 10개, 생크림 100g
장식 — 코코아 파우더, 과일, 초코펜 등 기호에 맞는 데코 재료

❶ 큰 그릇에 달걀, 바나나맛우유, 팬케이크 믹스를 넣고 잘 섞은 다음 머그잔에 나누어 부어주세요.
❷ 반죽을 부은 머그잔을 전자레인지에 넣고 2분 돌려주세요.
❸ 노릇하게 익은 빵을 꺼내 각각 4등분으로 잘라주세요.
❹ 투명한 컵이나 용기에 빵 1조각을 넣고 위에 딸기잼을 바른 후 딸기와 생크림을 얹어주세요.
❺ ④의 과정을 반복한 다음 마지막은 생크림으로 채우고 평평하게 다듬어주세요.
❻ 코코아 파우더나 과일, 초코펜 등으로 취향껏 장식하여 바나나맛우유 컵케이크를 귀엽게 완성해 주세요.

내일은 바나나 빙수를 만들어 봐야지~
요즘 늦더위가 기승인데 잘됐다.

바나나 빙수

재료: 바나나맛우유 2개, 요플레 클래식 2개, 요맘때 플레인 1개, 바나나 1개

❶ 사용하기 편하게 바나나맛우유를 큰 그릇에 부어 얼려주세요.
❷ 얼린 바나나맛우유를 숟가락이나 포크로 긁어 빙수 그릇에 나누어 담고 그 위에 요플레 클래식을 하나씩 부어주세요.
❸ 도톰하게 썬 바나나를 올리고 요맘때 플레인을 나누어 얹으면 완성!

일러스트: 느효

DATE. 2024. 9. 11. WEATHER. 약간 더움.

여태까지 바나나맛우유를 조사한 내용을 일차적으로 요약해 본다면 1974년 출시 이후 바나나맛우유는 맛과 패키지를 유지해 오며 많은 사람의 추억 속에 자리 잡은 것 같다. 물론 시대와 상황에 따라 미세한 조정은 있었고 '상태를 그대로 유지'하기 위해 각 분야의 보이지 않는 노력이 있었기에 사람들이 그 꾸준함을 높게 평가해 주는 게 아닐까.

오늘은 다른 선배님의 소개로 과거 빙그레에서 디자인팀장님으로 일했던 분을 만나 뵙기로 했다. 과거 사보나 자료 조사만으로는 1980년대 이야기를 알기 어려웠는데 이때 재직했던 분이라고 하니 어떤 이야기를 해주실지 진짜 궁금하다. 지금은 디자인 회사 대표로 일하고 계신다고 들었다.

안녕하세요, 만나 뵙게 되어 정말 반갑습니다!

안녕하세요, 1985년부터 1997년까지 빙그레에서 디자이너로 근무했었고요. 처음 입사했을 때는 선전부 소속이었는데 1990년대 초반에 조직이 개편되면서 나중에는 마케팅실 내 디자인팀장으로 일했습니다.

선전부는 다소 생소한 표현이네요.

쉽게 생각하면 마케팅팀의 전신이라고 할 수 있는데, 광고, 홍보, 디자인 일을 하는 부서였어요. 1990년대 초반 한국에 마케팅이라는 개념이 도입되면서 이 업무를 유기적, 체계적으로 할 수 있도록 마케팅실로 개편한 거죠.

《빙그레가족》 1995년 2월호에 게재된 마케팅실 디자인팀의 풍경 (사진 속 인물은 당시 디자이너 김용희 씨)

1980년대에 바나나맛우유 관련 실무를 담당하셨던 분은 처음 뵙는 터라 궁금한 점이 많아요. 바나나맛우유는 1980~1990년대에도 인기가 많았나요?

인기가 좋긴 했지만, 당시 물가를 생각하면 가격대가 좀 있는 제품이라 흔히 사 먹지는 않았던 것 같아요. 요즘 말로 하면 주로 특수 거래처에서 잘 팔렸죠. 기차의 간이 매대나 군부대 매점(PX) 같은 데요. 저도 군대에서 많이 사 마셨어요. 당시 군대 식단이 빈약한 편이었는데 바나나맛우유를 마시면 든든하더라고요.

실제로 원유 함량이 높아서 포만감도 좋고 다른 가공유보다 특히 맛있었어요. 바나나맛우유가 240ml인데 원유 함량을 계산하면 200ml 우유 하나가 그대로 들어있는 셈이잖아요? 상쾌하고 청량한 기분도 들고 달콤하니 기분도 금세 좋아지고요.

위쪽부터 순서대로 1982년, 1988년, 그리고 현재의 바나나맛우유 패키지

용기 디자인은 1974년 출시 때부터, 로고 디자인은 2004년 변경한 이래 현재까지 유지해 오고 있다.

바나나맛우유 패키지에 대한 이미지는 어떠했는지도 궁금해요. 처음에 어떻게 만들어졌는지 들은 이야기가 있으신가요?

처음에 개발은 퍼모스트 시절에 한 거라 아는 이야기가 별로 없고 다만 1990년대 중반에 패키지가 바뀔 뻔한 적이 있어요. 바나나맛우유 패키지가 초기에는 불량률이 꽤 높았거든요. 아마 알고 있겠지만, 위아래를 따로 만들어서 합치는 방식이다 보니 유통하다 터지는 일도 빈번했어요. 그래서 지금의 패키지를 포기하고 다른 재질의 용기로 바꾸자는 의견이 나왔죠.

처음에는 내부에서도 의견이 정말 다양했는데 점차 단지 모양을 버리면 안 된다는 목소리가 커졌어요. 색상뿐만 아니라 형태, 소리도 브랜드를 자연스레 연상시키는 역할을 하잖아요. '노랑', '단지'만으로도 바나나맛우유가 떠오르니까요. 그래서 용기를 바꾸지 말고 생산설비에 더 투자해서 불량이 없도록 만들자고 의견이 모아졌어요. 새롭게 바꾸는 건 상대적으로 쉽잖아요. 지금 생각하면 천만다행으로 당시의 위기를 넘겼던 것 같아요.

강영택 (前 빙그레 디자인팀장)

와, 용기가 바뀔 뻔했다니 지금 생각하면 아찔하네요. 패키지는 처음 개발 때부터 줄곧 동일했는데 '바나나맛우유' 로고는 조금씩 바뀌어 왔더라고요.

초기에는 원숭이 꼬리를 연상시키는 로고였어요. 아마 추측하건대 '요술 방망이로 바나나맛우유를 동물로 바꾼다면, 어떤 동물이 될까?' 같은 질문을 주고받으며 아이디어를 발전시켰겠죠. 그러다가 바나나 자체를 연상시키는 로고로 바뀌어 갔어요. 아까 그 요술 방망이로 바나나맛우유를 과일로 바꾼다면 어떤 과일이 될까요? 당연히 바나나가 떠오르죠. 바나나가 휘어 있는 모양과 여기 '바'의 글자 모양이 비슷해요. 과거에는 제품 인지도가 낮으니까 바나나를 자연스레 떠올리게 하는 계기들을 만들었던 것 같아요.

그리고 기술에 기인한 부분도 커요. 당시에는 지금처럼 인쇄 기술이 좋지 않았거든요. 게다가 바나나맛우유는 경사가 있어서 인쇄하기에 까다로워요. 오히려 로고를 다소 복잡하게 디자인하여 인쇄가 약간 어긋나거나 잘못되어도 크게 이상하게 보이지 않게끔 한 거죠. 그러다가 바나나맛우유 인지도가 점차 높아지고 인쇄 기술도 발전하면서 로고가 점차 단순해졌어요. 다른 수식 없이 '바나나맛우유'만으로도 소비자들이 구별할 수 있게 되었으니까요.

바나나맛우유가 급속도로 성장하는 시절을 함께하셨는데, 대표님께 '바나나맛우유'란 어떤 존재이자 의미를 갖는지 듣고 싶어요.

이제 저는 은퇴를 바라보는 나이에 가까워졌으니, 여러 감정이 드네요. 빙그레에 재직하던 시절이 떠오르기도 하고요. 추억, 조금 더 구체적으로 이야기하면 '친구' 같아요.

내가 태어나기도 전에 회사를 다닌 분이라니, 역사의 산증인은 이럴 때 쓰는 말인 걸까? 빙그레를 떠난 지 이제 30년이 다 되어가는데도 여전히 회사에 애정이 많으신 것 같다. 또 한 번 반성하는 하루였다.

DATE. 2024. 9. 25. WEATHER. 날씨 맑음.

그간 신제품 출시 준비로 꽤 바빴기에 오랜만에 바나나맛우유 자료 조사 업무로 돌아왔다. 최근 인터뷰 내용을 복기하면 1990년대 말~2000년대 초 일종의 바나나맛우유 위기론이 등장했을 때 이 패키지를 고수할 것인지 다들 고민이 많았던 모양이다. 요즘은 패키지에 의문을 제기하는 사람이 거의 없지만, 현재의 디자인팀은 어떻게 생각하고 있는지 궁금하다.
이 패키지를 유지해야 한다고 생각할까? 디자인팀장님께 갑자기 여쭤봐도 될까…

P디자인팀장님을 대화에 초대하였습니다.

팀장님, 저 뭐 하나만 여쭤봐도 될까요… 😅😅😅
디자인 측면에서 바나나맛우유의 오리지널리티는 어디에 있다고 보시나요?

P

네? 갑자기요? 😲😲

멀티팩.jpg

너무 갑작스럽죠, 제가 요즘 바나나맛우유 출시 50주년 기념 자료 조사 중이잖아요. 과거에 빙그레 재직하셨던 분들 인터뷰 다니다 보니까 현재 빙그레 디자인팀에서는 어떻게 생각하고 계신지 궁금해서요.

H

2020년에 멀티팩 디자인을 리뉴얼할 때 저희도 이런 고민을 했었거든요. 결국 단지 모양이 바나나맛우유의 근본 아닐까요. 그래서 멀티팩도 여러 다른 요소를 걷어내고 단지 모양을 전면에 내세우는 걸로 의견을 모았고요. 특히 진열시 많이 노출되는 측면에 바나나맛우유 로고도 사용하지 않고 단지 이미지를 아주 크게 넣었어요. 보통의 패키지디자인은 로고와 이미지의 조합으로 이루어지는데, 과감한 시도였어요. 당연한 얘기지만, 바나나맛우유 브랜드에 대한 자신감이 없었다면 쉽게 시도할 수 없었을거에요.
잠시만요, 다른 팀원들 의견도 궁금하네요!

J프로님, S프로님을 대화에 초대하였습니다.

H

여러분은 디자인 측면에서 바나나맛우유의 오리지널리티가 어디에 있다고 보시나요?

J

단지 모양은 물론 바나나맛우유의 컬러에 있다고 생각해요.
단지 모양 그리고 노랑과 초록이면 별다른 설명 없이도 바나나맛우유를 떠올릴 수 있을 것 같아요. 예를 들어 '옐로우카페' 관련 디자인을 진행했을 때 바나나맛우유의 모양과 색상을 토대로 여러가지 새로운 시도를 할 수 있었어요. 색상 변주부터 캐릭터 창조에 이르기까지 기존에 하기 어려웠던 작업을 수월하게 진행할 수 있었어요.

오, 이왕 이렇게 된 거 질문 몇 개만 더해도 될까요? 그 이전에도 물론 많았지만 옐로우카페를 기점으로 다양한 바나나맛우유 굿즈를 제작하게 된 것 같은데 실제 바나나맛우유와 재질 및 사양이 다르기 때문에 디자인할 때 고민도 많으실 것 같아요.

P

맞아요, 바나나맛우유가 생각한 것보다 단순한 형태가 아니에요. 누구나 알고 있는 제품이라 차이가 조금만 있어도 소비자는 다르다고 생각해요. 상컵, 하컵의 기울기나 색상값에 따라 굿즈의 질이 달라져요. 얼마 전 외부와 공유할 수 있는 바나나맛우유 디자인 가이드를 만들어 배포했는데 그때 이후로 굿즈 수준이 높아졌고 소비자 반응도 좋았어요.

전문가가 아닌 제가 봐도 어려울 것 같아요. 너무 뚱뚱하면 배불뚝이가 되고 또 홀쭉하면 바나나맛우유 느낌이 안 나고요. 곡면에 로고를 인쇄해야 해서 계산도 잘해야 할 것 같고요.

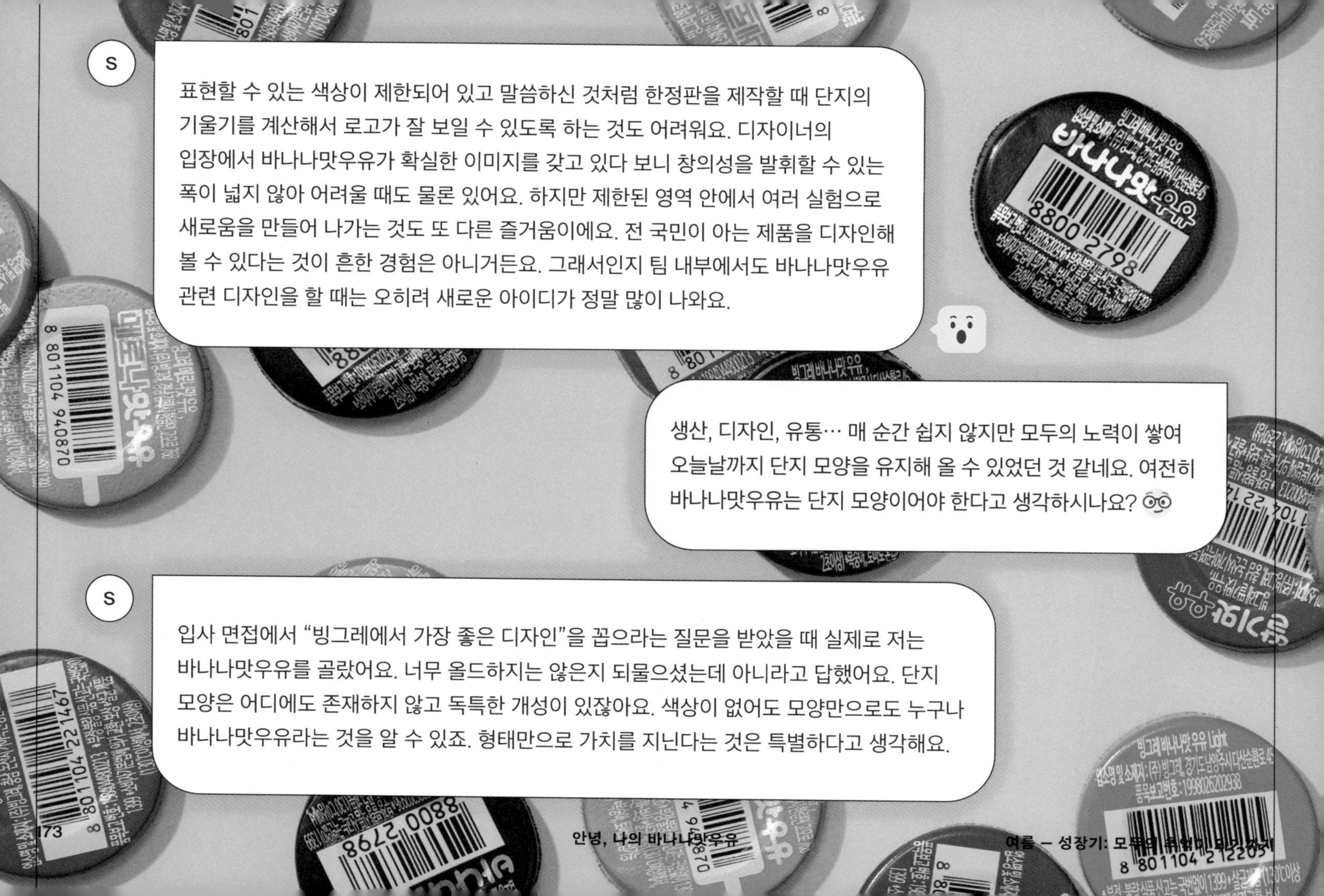

S

표현할 수 있는 색상이 제한되어 있고 말씀하신 것처럼 한정판을 제작할 때 단지의 기울기를 계산해서 로고가 잘 보일 수 있도록 하는 것도 어려워요. 디자이너의 입장에서 바나나맛우유가 확실한 이미지를 갖고 있다 보니 창의성을 발휘할 수 있는 폭이 넓지 않아 어려울 때도 물론 있어요. 하지만 제한된 영역 안에서 여러 실험으로 새로움을 만들어 나가는 것도 또 다른 즐거움이에요. 전 국민이 아는 제품을 디자인해 볼 수 있다는 것이 흔한 경험은 아니거든요. 그래서인지 팀 내부에서도 바나나맛우유 관련 디자인을 할 때는 오히려 새로운 아이디가 정말 많이 나와요.

생산, 디자인, 유통… 매 순간 쉽지 않지만 모두의 노력이 쌓여 오늘날까지 단지 모양을 유지해 올 수 있었던 것 같네요. 여전히 바나나맛우유는 단지 모양이어야 한다고 생각하시나요?

S

입사 면접에서 "빙그레에서 가장 좋은 디자인"을 꼽으라는 질문을 받았을 때 실제로 저는 바나나맛우유를 골랐어요. 너무 올드하지는 않은지 되물으셨는데 아니라고 답했어요. 단지 모양은 어디에도 존재하지 않고 독특한 개성이 있잖아요. 색상이 없어도 모양만으로도 누구나 바나나맛우유라는 것을 알 수 있죠. 형태만으로 가치를 지닌다는 것은 특별하다고 생각해요.

P

내부적으로 바나나맛우유의 정체성을 유지하기 위해 반드시 지켜야 하는 것들에 관한 의견은 크게 다르지 않은 것 같아요. 단지의 형태와 색상이요. 그리고 이 원칙 아래서 자유로운 시도를 하려고 해요.

이제 마지막 질문이에요. 사실 디자인팀에서 바나나맛우유 외에 빙그레 제품 전반적으로 디자인하잖아요. 그럼 식품 디자인 시 가장 중요하게 생각하는 지점은 무엇인지 궁금해요.

J

식품은 맛있어 보이는 게 중요하다고 생각해요.
쉽고 직관적으로 인식될 수 있어야 하고요. 소비자 입장에서 매력적으로 보이도록 만들어 바로 집을 수 있게 만든다는 점이 다른 상품군과 가장 큰 차이 같아요.

S

저도 비슷한 것 같은데, 소비자에게 쉽게 다가갈 수 있는 디자인을 하려고 노력해요. 식품은 소비자층이 넓고 다양해서 매대에 진열했을 때 제품의 특성이 바로 전달될 수 있는지가 중요해요.

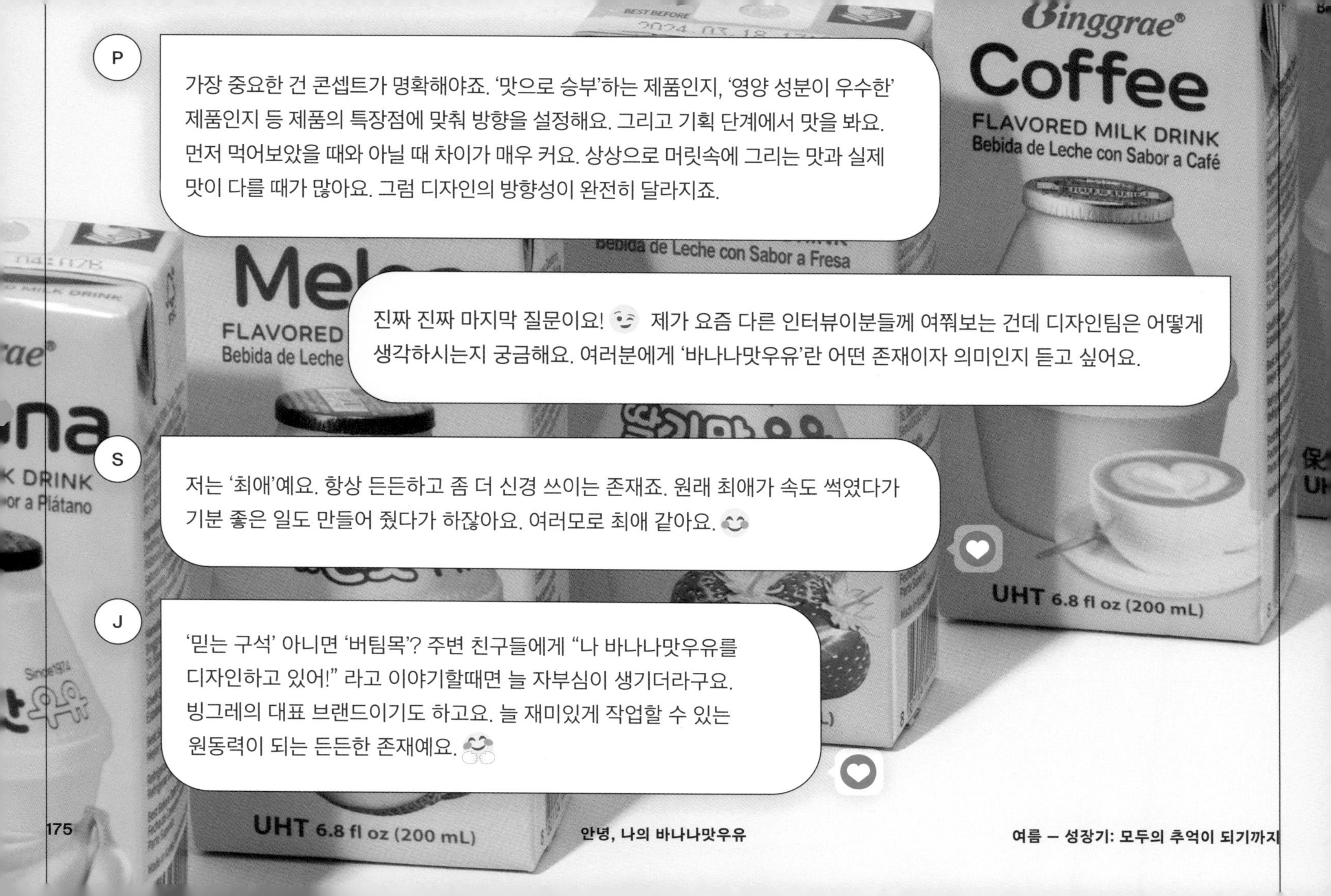

P

가장 중요한 건 콘셉트가 명확해야죠. '맛으로 승부'하는 제품인지, '영양 성분이 우수한' 제품인지 등 제품의 특장점에 맞춰 방향을 설정해요. 그리고 기획 단계에서 맛을 봐요. 먼저 먹어보았을 때와 아닐 때 차이가 매우 커요. 상상으로 머릿속에 그리는 맛과 실제 맛이 다를 때가 많아요. 그럼 디자인의 방향성이 완전히 달라지죠.

진짜 진짜 마지막 질문이요! 제가 요즘 다른 인터뷰이분들께 여쭤보는 건데 디자인팀은 어떻게 생각하시는지 궁금해요. 여러분에게 '바나나맛우유'란 어떤 존재이자 의미인지 듣고 싶어요.

S

저는 '최애'예요. 항상 든든하고 좀 더 신경 쓰이는 존재죠. 원래 최애가 속도 썩였다가 기분 좋은 일도 만들어 줬다가 하잖아요. 여러모로 최애 같아요.

J

'믿는 구석' 아니면 '버팀목'? 주변 친구들에게 "나 바나나맛우유를 디자인하고 있어!" 라고 이야기할때면 늘 자부심이 생기더라구요. 빙그레의 대표 브랜드이기도 하고요. 늘 재미있게 작업할 수 있는 원동력이 되는 든든한 존재예요.

P

저는 '남편'?

네??!! 이거 어떤 의미인지 너무 궁금한데요!

P

나를 받쳐주고 든든하게 지지해 주지만, 한편으로는 내가 챙겨줘야 할 것도 많은 존재? 나한테 바라는 것도 많고

너무 재미있는 답변이네요.

갑작스러운 대화에 응해주셔서 감사해요, 여러분!

P디자인팀장님, J프로님, S프로님이 대화에서 나갔습니다.

시대를 뛰어넘어 다들 비슷한 생각을 한다는 점에 조금 놀랐다.
이게 바나나맛우유의 힘일까?

DATE. 2024. 9. 26. WEATHER. 약간 흐림.

어제 디자인팀분들과 대화를 나누고 옐로우카페 자료를 조금 더 찾아보았다. 2016년 동대문점을 팝업 스토어 형태로 1호점으로 오픈하고 1년 정도 지난 2017년 제주점을 열었다가 각각 2019년, 2020년에 문을 닫았다. 나도 가족들과 제주도에 놀러 갔을 때 제주점에 가본 적 있는데!

이제는 방문할 수 없어 아쉽지만, 이때를 기점으로 바나나맛우유의 이미지도 변화한 것 같다. 이전에는 목욕탕이나 기차를 연상했다면 요즘은 카페나 디자인 굿즈도 함께 떠오른다고 해야 할까.
옐로우카페에서 판매를 시작한 키링이 아주 인기가 좋았고 지금도 잘 팔리는 걸 보면.

옐로우카페 동대문점 전경

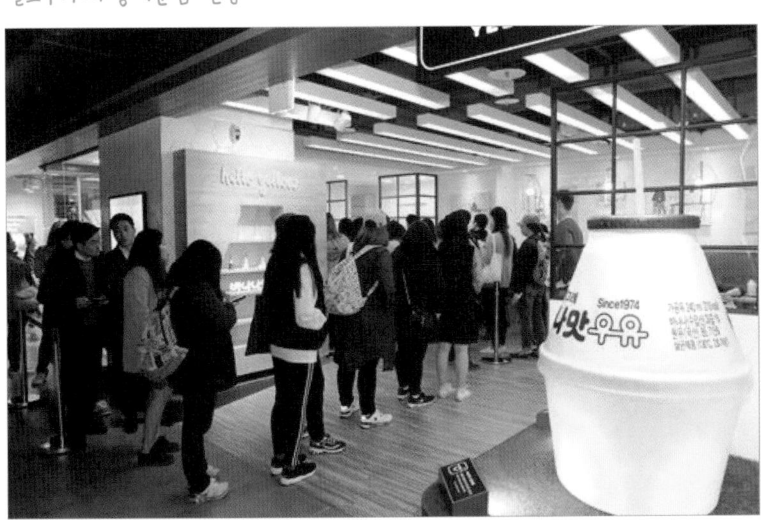

지난달에 살펴본 공모전 3부작 시리즈와 마찬가지로 옐로우카페 역시 젊은 세대에게 새로운 추억을 만들어주자는 목표의 연장선에 있는 캠페인이었다. 그래서 아마 2호점의 위치로 제주로 잡았던 것 같다. 여행과 카페의 조합, 기억에 안 남을 리가…!

옐로우카페 제주점. 바나나맛우유를 활용한 다양한 음료, 디저트와 디자인 굿즈를 판매했다.

그보다 앞서 2017년에는 “단지캠”이라는 이름의 카메라 앱을 출시했었다. 나도 대학 친구들이랑 써본 적 있는데. 그때는 별생각 없었는데 지금 보니 나와 같은 젊은 세대에게 바나나맛우유와 관련된 새로운 인상을 심어주고자 이런 시도를 했던 것 같다. 추억! 하면 역시 사진만 한 게 없고 계속해서 보게 되니까. 만일 옐로우카페 제주점에 가서 단지캠으로 사진을 찍었다면, 여행+카페+사진=이거야말로 필승 조합 아닌가.

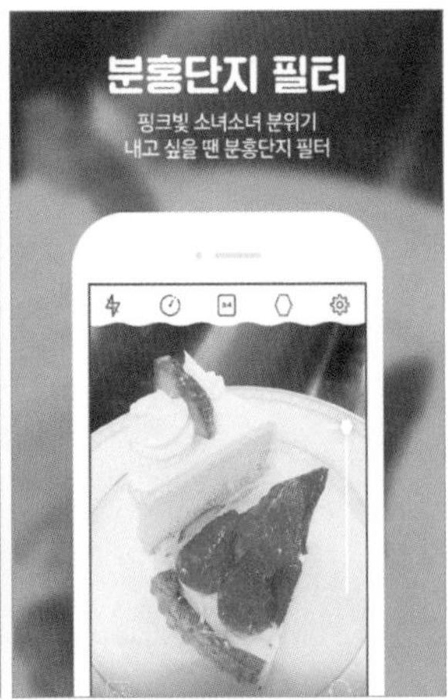

옐로우카페를 지금 다시 보면 단지 형상을 카페 공간 디자인에 반영하는 등 바나나맛우유를 다방면으로 활용한 결과물이었네. 가공유라는 바나나맛우유의 내용물뿐만 아니라 그 이미지, 용기 및 로고 디자인, 색상까지 모든 요소를 우리의 자산으로 받아들이고 적극적으로 반영한 결과라고 할 수 있겠지? 이렇게 작은 소비재가 큰 공간까지 아우르는 브랜드로 자리 잡았다니, (내가 만든 건 아니지만) 나 갑자기 너무 뿌듯하네…

DATE. 2024. 10. 5. WEATHER. 화창

디자인팀과 이야기 나눈 후 며칠간 바나나맛우유 패키지의 변천사*를 살펴보았는데 로고 외에 용기 모양 자체는 정말 그대로였더라. 50년간 같은 용기를 유지했다니, 신기하다.

시즌별로 로고 부분 얼굴을 바꾸거나 "단지가 궁금해" 시리즈로 한정판 제품들도 있었는데 단지 패키지 모양이 워낙 상징적이라 언제 어디서든 또 어떤 제품이든 소비자의 이목을 사로잡을 수 있었던 것 같다. 개인적으로 애플시나몬맛우유 참 좋아했는데. 어떻게 다시 출시 안 되나요, 팀장님…?

6번 정답!

* 1974년이후 바나나맛우유의 로고는 총 9번 변경되었다. (p.183참조)

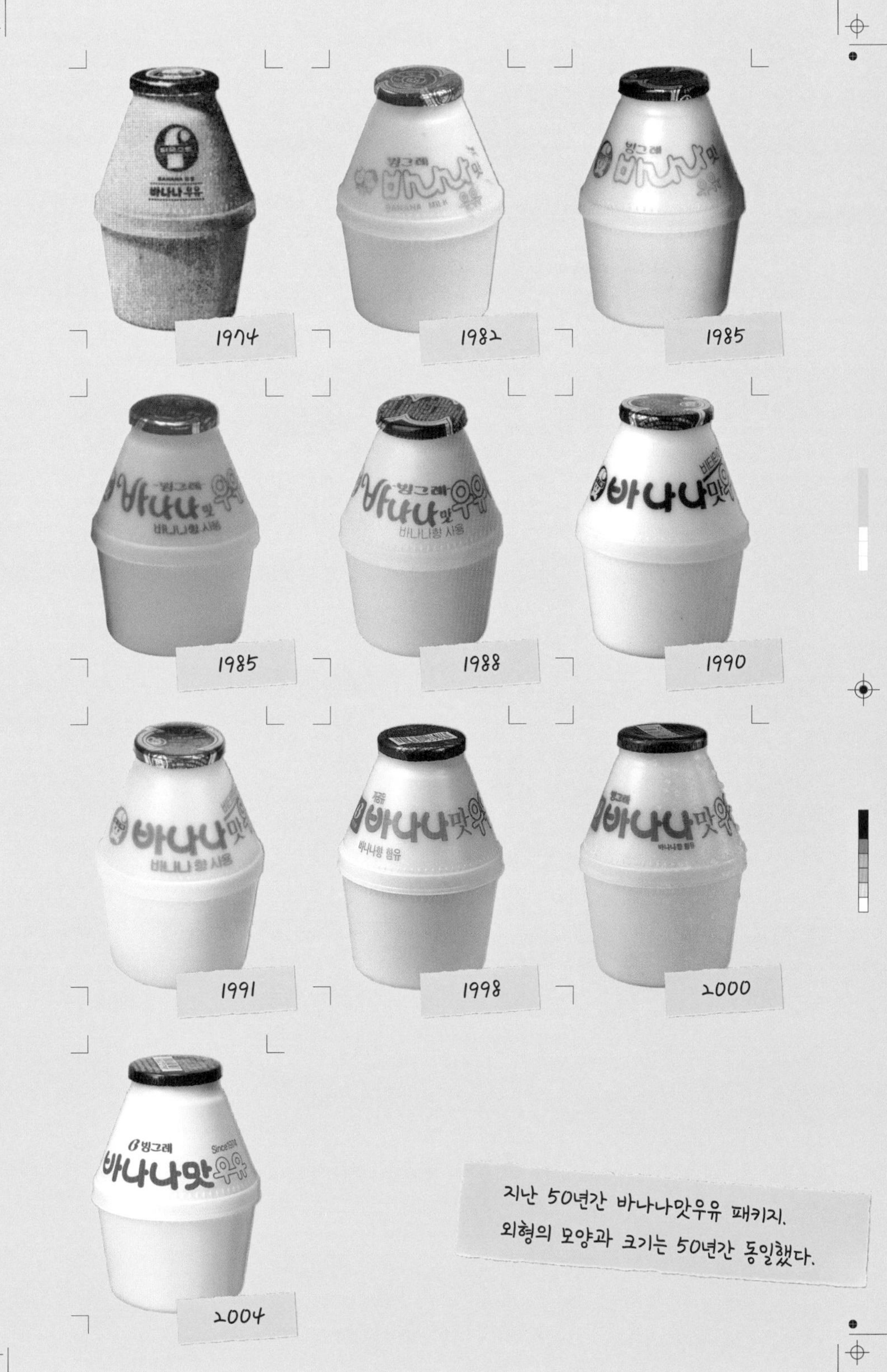

지난 50년간 바나나맛우유 패키지.
외형의 모양과 크기는 50년간 동일했다.

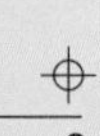

바나나맛우유의 든든한 친구들

빙그레 바나나맛 우유 & 토피넛
빙그레 메론맛 우유
빙그레 커피맛 단지
빙그레 단지가궁금해 #1 오디맛 우유
빙그레 단지가궁금해 #2 귤맛 우유
빙그레 단지가궁금해 #3 티치피치맛 우유
빙그레 단지가궁금해 #4 바닐라맛 우유
빙그레 단지가궁금해 #5 호박고구마맛 우유
빙그레 단지가궁금해 #6 캔디바맛 우유
빙그레 단지가궁금해 #7 애플시나몬맛 우유
빙그레 Special Edition 밀크티맛 단지
빙그레 꿀맛 우유
빙그레 50주년도 Together 투게더맛 우유

역대 에디션

빙그레
MERRY CHRISTMAS
빙그레
바나나맛
SEASON EDITION
우유

빙그레
리미티드 에디션
바나나맛우유
LIMITED
EDITION

빙그레
바나나맛
SEASON EDITION
우유

빙그레
바나나맛
우유
ORIGINAL
바나나맛우유

빙그레
바나나맛
우유

빙그레
바나나맛
우유
ORIGINAL
봄꽃 에디션
바나나맛우유

시즌 에디션

그간 만나 뵌 전임자분들의 이야기처럼, 지난 시간 여러 유혹과 위기에도 단지 모양 패키지를 고수해 왔기에 오늘날의 바나나맛우유가 유일무이한 제품이 될 수 있었던 게 아닐까. 단지 디자인에 대해 다른 사람들은 어떻게 생각하고 있을지 궁금하다.

DATE. 2024. 10. 12. WEATHER. 흐림.

빙그레 관계자 외에 디자인 또는 유관 업계 종사자분들은
단지 디자인을 어떻게 생각하시는지 문득 궁금해졌다.
여기저기 검색하다가 마침 얼마 전 한 디자인 스튜디오 대표님이
바나나맛우유에 관해 게재하신 짧은 칼럼을 발견하였다.
오…! 흥미롭다.

일상의 디자인 속으로

연재 코너

일상의 디자인 속으로: 바나나맛우유 편

전채리(CFC 대표)
2024. 10. 9. (월)

구독

1980~90년대에 유년기를 보낸 내겐 다정하고 오랜 친구 같은 존재인 빙그레 바나나맛우유. 편의점에서 집어 온 바나나맛우유의 뚜껑을 뜯어 입에 가져다 대니 익숙하게 퍼지는 향기에 어린 시절의 기억이 소환된다. 주말 아침이면 목욕탕에 다녀오는 길에 바나나맛우유를 마시곤 했다. 어릴 때부터 소비자의 시선으로 바라본 익숙한 제품을 디자이너의 관점으로 살펴보니 새롭고 흥미롭다.

사람들에게 머릿속의 기억만으로 특정 브랜드의 로고나 제품 이미지를 그려보게 하는 경우가 있다. 하나의 브랜드 또는 패키지 디자인이 소비자에게 얼마나 각인되어 있는지 판단하기 위함이다. 만약 우리나라 사람들에게 바나나맛우유를 그려보게 한다면 어떤 결과가 나올까?

253 29

일상의 디자인 속으로

대부분의 사람이 바나나맛우유만의 상징적인 용기 형태와 함께 노란 몸통, 초록 뚜껑까지 성공적으로 그려내지 않을까? 디자인에 관심이 있는 사람이라면 아마 로고타입의 동글동글한 이미지까지도 연상할 수 있을 것이다. 독특한 병 형태와 스크립트형 로고타입 등으로 독보적인 브랜드 이미지를 확립한 코카콜라나, 원통형 패키지에 독보적인 캐릭터로 차별적인 이미지를 만들어낸 프링글스와 같이 바나나맛우유도 오랜 시간 고유의 개성을 지켜오며 하나의 브랜드를 상징하는 형태가 되었다.

이제 소비자로서 학습된 시각을 벗어나 디자이너의 관점으로 패키지를 이리저리 살펴본다. 개성 있는 용기의 형태, 밝은 노랑과 짙은 초록으로 이루어진 간결한 조합의 색상, 그리고 상단에 단정하게 새겨진 로고타입. 이 단순하지만 힘 있는 패키지 디자인은 복잡한 매대 환경에서도 단연 눈에 띈다. 상컵과 하컵, 뚜껑으로 구성된 심플한 라인의 용기를 좀 더 뜯어보면, 외곽에 흐르는 상·하단의 사선과 두 선이 만나는 접합 부위의 돌출이 인상적이다. 용기의 외곽선이 직선으로 흐름에도 형태적으로 인상이 푸근하다는 점이 특히 흥미로운데 아마도 뚜껑과 바닥 부분의 호가 일반적인 용기의 비례보다 크고, 상·하단 끝부분에서 직선이 곡선으로 부드럽게 전환되기 때문일 것이다. 뚜껑을 벗기면 옆면을 타고 올라오는 선이 둥글게 말리며 입구 부분에서 평평해지는데 이 모습이 꼭 항아리의 입구를 닮았다. 뚜껑 외곽의 곡선으로 입에 닿을 때의 느낌도 부드러워 심미성뿐만 아니라 기능성도 갖춘 셈이다.

뽀얗고 매끈한 질감의 용기 안에 담긴 우유는 밝은 노란색으로 바나나 껍질의 노랑과 과육의 하얀빛이 섞인 먹음직스러운 색상이다. 원물의 색상 패키지 외부에 은은하게 발산되어 브랜드 컬러로 역할하는 동시에 식감을 자극한다. 뚜껑과 로고타입의 초록은 바나나맛우유 패키지의

 253  29 

일상의 디자인 속으로

중심을 잡아주는데 낮은 명도·채도의 진한 초록이 밝은 노랑과 조화를 이루며 세련되고 선명한 이미지를 전달한다. 로고타입은 바나나를 닮은 경쾌한 곡선으로 이루어져 부드럽고 둥글둥글한 용기의 다정하고 친근한 인상을 배가시킨다. 보통 더하거나 뺄 것이 없는 상태를 좋은 디자인이라 하는데 우유를 마시며 한참을 살펴도 부족하거나 과한 점이 보이지 않으니, 바나나맛우유 패키지는 개성과 절제가 균형을 이루는 훌륭한 디자인이라는 결론에 이른다.

 253 29

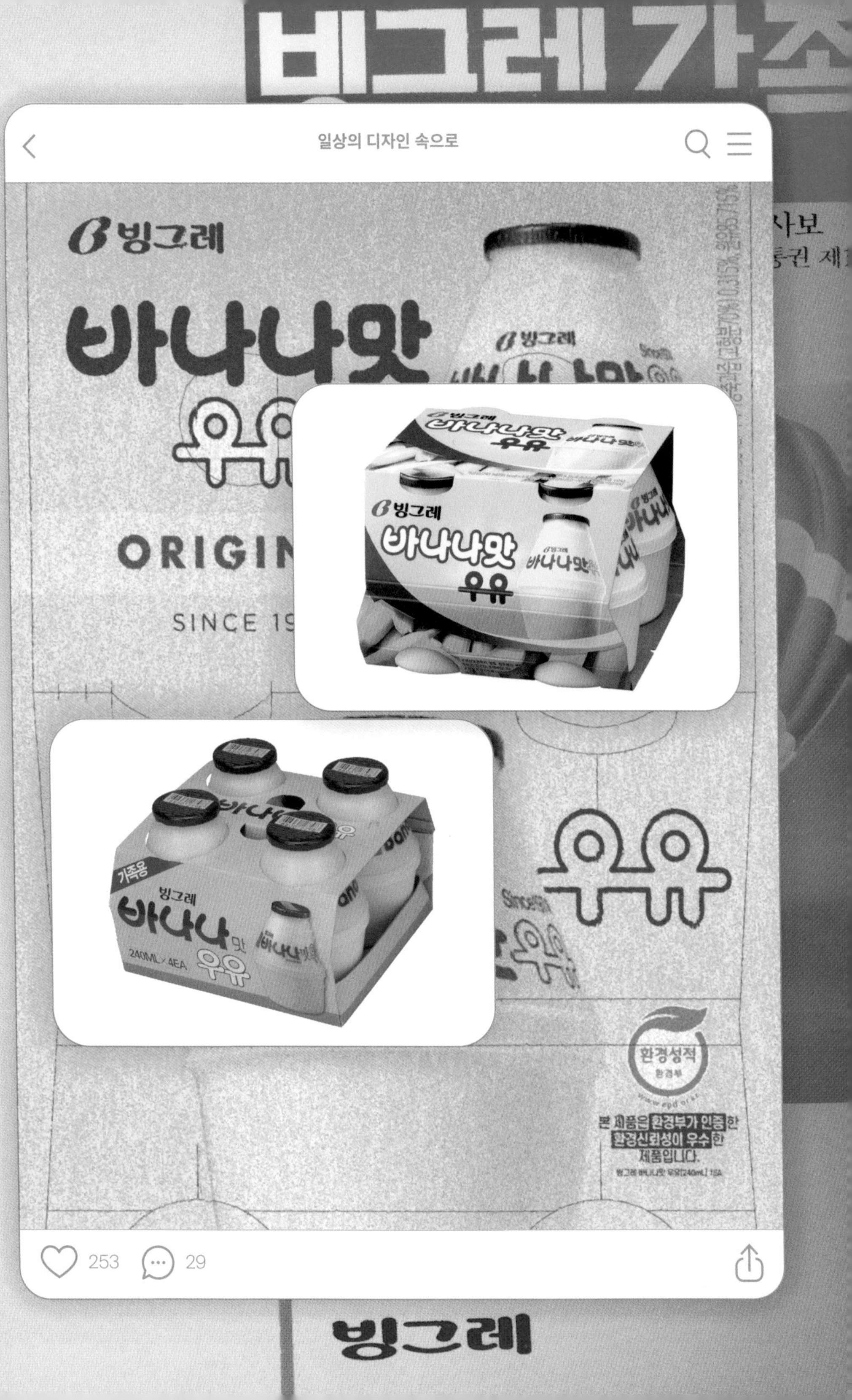
빙그레 가족
일상의 디자인 속으로
빙그레
바나나맛
우유
ORIGIN
SINCE 19
기족용
240ML×4EA
환경성적
환경부
본 제품은 환경부가 인증한
환경신뢰성이 우수한
제품입니다.
253
29
빙그레

일상의 디자인 속으로

수십 년의 세월 동안 바나나맛우유 디자인의 정수인 용기 형태는 고집 있게 지켜오되 그 외의 요소는 꾸준히 정제하며 전통을 이어왔다. 그렇기에 본질적인 가치를 가장 간결하고 아름답게 담아낸 형태가 된 것이 아닐까? 바나나맛우유가 오늘날 상징적인 디자인으로 자리 잡은 첫 번째 이유가 시장에서 완전히 구별되는 스토리와 디자인을 선보인 독창성이라면, 두 번째 이유는 지켜야 할 것과 개선할 것을 정확하게 파악하며 오랜 시간 바나나맛우유만의 시각적 자산을 단단하게 만들어온 점이라고 생각한다. 클래식에는 언제나 세월의 지난한 노력이 담겨 있다. 반세기 동안 한결같은 이미지로 사람들과 호흡해 온 바나나맛우유의 선하고 푸근한 인상 너머에는 묵직한 존재감이 있다.

만일 나에게 바나나맛우유 패키지를 새롭게 디자인할 기회가 주어진다면 고민이 무척 깊어질 것 같다. 자신의 개성을 나날이 공고히 하며 진화해 온 브랜드의 얼굴을 바꾸는 일은 대단히 어렵다. 나 또한 용기 형태와 전반적인 패키지 디자인의 톤앤매너는 그대로 이어가되 로고타입을 개선할 것 같다. 현재의 동글동글한 형태도 무척 애정이 가는 디자인이지만, 나라면 바나나를 닮은 풍부하고 유려한 곡선은 살리면서 획의 일부에 엣지를 주어 조금 더 긴장감 있고 우아한, 그러나 친근감은 잃지 않는 방향으로 시도해 보지 않을까?

덧붙여 이번에 바나나맛우유에 관해 글을 적으며 새롭게 알게 된 사실이 하나 있다. 바로 독특한 용기 형태의 기원이 달항아리라는 것이다. 오랜 시간 우리에게 친숙한 존재인 바나나맛우유의 숨은 이야기를 비롯해 바나나맛우유를 이루는 내용물, 색상, 디자인, 용기 형태 등 바나나맛우유의 모든 것을 해부하는 전시를 기획한다면, 여러 세대의 소비자에게 바나나맛우유가 한 발짝 더 친근하게 다가갈 수 있는 기회가 될 것만 같다.

일상의 디자인 속으로

전시의 한 섹션에서는 젊은 도예가들이 해석한 바나나맛우유의 달항아리를 전시해도 재미있지 않을까? 바나나맛우유의 달콤한 향으로 열린 추억의 문이, 디자인에 관한 새로운 시선으로, 그리고 즐겁고 향긋한 상상으로 이어졌다. 50주년을 맞이한 바나나맛우유의 다음 50년을 응원한다.

전채리 님의 원고를 바탕으로
일부 각색한 이야기입니다.

 253  29 

전채리 대표님의 그간 이력을 살펴보니 다양한 브랜딩 작업을 하셨던데 관련 전문가분의 의견을 살펴볼 수 있어서 재미있었다. 그 유래 때문인지 바나나맛우유의 디자인을 이야기할 때 매번 달항아리가 같이 언급되는데 그럼 도예가는 단지 모양에 대해서 어떻게 생각할까? 갑자기 또 다른 궁금증이 생겼다.

DATE. 2024. 10. 20. WEATHER. 강풍주의보.

디자인 업계 관계자뿐만 아니라 공예, 미술, 건축 등 실물로 무언가를 만드는 대부분 사람에게 바나나맛우유 패키지가 종종 연구 또는 관심의 대상이 된다는 이야기를 들은 적이 있다. 독특하고 독보적인 형태를 오랜 기간 유지해 왔기 때문이 아닐까, 외관상 바나나맛우유와 조금이라도 비슷한 제품은 여전히 없으니까. 다른 사람들의 의견을 직접 들어보고 싶은데 어떻게 하면 좋을까? 지난주에 그 칼럼을 발견한 블로그의 토론 커뮤니티에 익명으로 게시글을 올려보았다.

바나나맛우유 패키지 디자인에 대해 이야기 나눠봐요!

바나나맛우유 단지 · Oct 20, 2024 OPEN FORUM

바나나맛우유 단지

Oct 20, 2024 #1

안녕하세요, 제가 요즘 빙그레 바나나맛우유 관련된 프로젝트에 참여하고 있어요. 최근 바나나맛우유 패키지에 관해 디자인 및 유관 업계 종사자분들의 의견을 구해야 하는 상황인데요... 그간 바나나맛우유 패키지 디자인을 눈여겨보거나 관심 있었던 분들 여기 계신다면 어떻게 생각하시는지 개인적 의견을 가감 없이 들려주실 수 있을까요? 쪽지로 보내주셔도 좋아요!

최성희
[최-페레이라 건축 대표]

Oct 20, 2024 #2

200~300ml 단위로 팔리는 음료 대부분 가늘고 긴 원형, 사각형 등 쉽게 설명할 수 있는 용기에 포장되는 편인데 바나나맛우유는 날렵한 인상과는 거리가 멀죠. 흔히 '배가 불룩하다'고 표현하니까요. 동서양의 거리·면적 단위에서 살펴볼 수 있듯이 과거 사람의 몸이 비례와 치수의 기준이었고 건축에서도 크게 다르지 않았어요. 결국 외부 세계를 그리는 방식의 시작이 비유적이든 비례적이든 사람의 몸이었다고 할 수 있는데요, 이러한 관점에서 배가 불룩하다고 묘사하는 용기를 만들어 50년간 빅히트를 이어갈 수 있게 한 당시의 디자이너는 누구였을지 매우 궁금해요. 이처럼 남다른 패키지가 50년 동안 유지되면서 독특한 형태로 하나의 원형이 되었고요. 어떤 형태에 시간이 쌓이면 여타의 평가 기준은 큰 의미가 없어지는 것 같아요. 그 시간을 견딘 만큼 잘 해왔다는 뜻이고 이로써 20세기에서 21세기로 이어지는 새로운 전통이 될 수 있겠다고 생각하게 되어요.

패브리커
[아티스트 그룹]

Oct 20, 2024 #3

바나나맛우유 패키지의 특징을 꼽자면, 첫째로 배가 불룩한 형상의 아름다움, 둘째로 반투명한 재질로 내용물의 색상을 보여주는 방식, 셋째로 빨대를 꽂을 수 있게 설계된 디자인인 것 같아요. 개인적으로 빨대가 더해졌을 때 완성되는 디자인이라고 생각합니다. 그중 항아리, 꿀단지, 배흘림기둥 등이 연상되는 형태가 가장 인상적인데요, 기존의 음료나 우유 상품에서는 보기 힘든 양식이기 때문이죠. 형태적으로 차별화된 아름다움을 갖춘 한편 손으로 잡았을 때의 감정이나 기능성까지 두루 갖추고 있어요. 사각형의 패키지와 비교하자면 용량 대비 상대적으로 더 커 보이는 효과도 있어서 상품으로서의 경제성 역시 놓치지 않았고요. 50년 전에 기존 산업의 방식과는 다른 생각을 하고, 그 생각을 구현해 낸 것, 그리고 그것을 클래식의 반열에 오르게 했다는 점에 존경을 표합니다.

정대훈
[한지공예가]

Oct 20, 2024 #4

달항아리를 모티브로 하되 불룩한 듯 각이 살아있는 또 다른 독보적인 항아리 형태를 제시하면서, 반투명 재질에 은은하게 드러나는 노란색과 초록 뚜껑까지, 이전에 없던 상품이라는 위치에 걸맞은 유일한 시각적 형태와 바나나를 연상시키는 맛에서 오는 색상의 조합이 정말 특징적이에요. 한국적인 유려한 선을 현대적인 감각으로 재해석했다는 점에서 제가 추구하는 한지 공예의 가치와 닮았어요.

다소 비효율적이더라도 새로 만들어진 전통과도 같은 자신만의 제작 방식을 고수하는 바나나맛우유의 면모가 아무도 몰라도 나만의 의미를 담아 작품을 창작하는 공예가의 고집스러운 면과 맞닿아 있는 것 같고요. 사람들이 손에 쥐는 상품이자 아련한 추억의 산물로서 비효율의 예술적 가치를 변함없이 유지해 온 것이 멋지고 좋은 선택이라고 생각해요. 형태가 자아내는 포만감과 그립감을 넘어 변치 않는 신뢰감과 친근함, 나만의 기억까지 이 작은 패키지 디자인에 담겨 있어요.

윤상현

[도예가]

Oct 20, 2024

#5

'클래식'을 완성하는 요소는 무엇인가에 관해 다들 의견이 다르겠지만, 저는 간결함과 단순함이 그 대답이 될 수 있을 거라고 생각합니다.

바나나맛우유는 불필요한 장식이나 디테일 없이도 클래식 미학의 정수를 보여주는 달항아리와 닮았어요. 달항아리는 아름다운 곡선과 순백의 색상을 자랑하는 전통적인 한국의 도자기죠. 우아하고 단순한 라인, 그리고 자연스럽게 퍼지는 곡선이 특징이에요. 바나나맛우유는 둥근 형태와 밝은색의 조합으로 달항아리의 곡선미를 연상시키는데 그래서인지 친근하고 부드러워 보여요.

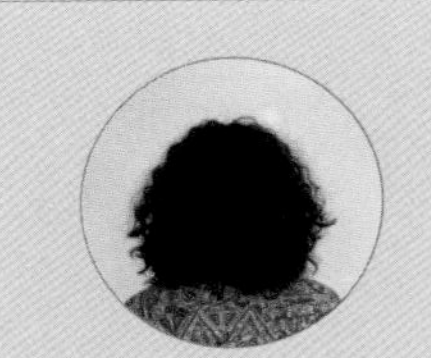

김자경
[ONDO 프로젝트 소장, 건축가]

Oct 20, 2024 #6

건물의 최대 면적을 확보하면서 좋은 공간을 만드는 것이 건축가들의 필연적 운명인데요, 그래서 계단실이나 테라스 같은 공용공간을 디자인할 때 더욱 신중해져요. 클라이언트 입장에서 면적을 할애하기에 아까운 공간처럼 보이지만, 좋은 디자인을 통해 불필요한 공간이 아닌 오히려 주목받을 만한 가치가 있는 공간이라 생각을 바꾸게 하는 것도 건축가가 하는 일이니까요. 우리가 늘 경험하는 창이 없는 계단실이나 공용공간들이 질적으로 지금보다 나은 공간으로 계획될 수 있도록 고민하죠.

이러한 공간이 마치 바나나맛우유 패키지 같아요. 바나나맛우유의 불룩한 형상은 되도록 많이 진열해서 많이 팔고 싶은 자본주의의 심리와는 거리가 있지만, 어떤 측면에서는 비효율적이더라도 결국 고집하던 디자인으로 오랫동안 사람들의 사랑을 받았잖아요. 브랜드의 고유성을 위해 효율성을 선택하지 않은 점이 신의 한 수라고 생각합니다.

서민경
[텍스트공방 대표]

Oct 20, 2024 #7

바나나맛우유 패키지의 특징은 넉넉함이라고 생각해요. 손에 쥐었을 때의 편리함만 생각한다면 지금의 형태와는 반대로 허리 부분이 들어가도록 디자인되면 좋겠죠. 하지만 바나나맛우유는 넉넉한 항아리나 장독을 연상시키는, 중앙이 불룩 튀어나온 형태를 바탕으로 정감 있는 브랜드 아이덴티티를 변함없이 유지하고 있어요. 1 대 1에 가까운 용기 상·하부의 비례감은 이와 같이 넉넉한 인상을 배가시키고요.

접합 부분에 해당하는 중앙에는 작은 돌기가 촘촘히 있는데 잡고 마실 때 손에서 미끄러지는 것을 방지하는 동시에, 빨대 없이 마시다가 음료를 조금 흘리더라도 잡아주는 역할을 하죠. 그런 점에서 바나나맛우유의 패키지는 브랜드 헤리티지를 유지하면서도 사용자의 편의를 고려하는 똑똑한 디자인 같아요.

신자경
[금속공예가 및 교육자]
Cuphand, 2014

Oct 20, 2024 #8

어린 시절 바나나맛우유 용기의 위아래가 만나는 이음새가 독특하다고 생각해서 돌려서 열어보려고 한 적도 있는데요, 이처럼 제작 공정에서 생겨나는 조형적 요소 예를 들어 중간의 이음새나 뚜껑이 접하는 부분의 주름 등이 특히 인상적이에요. 제작 과정을 짐작해 보건대 중간의 결합부가 패키지 결함을 낮추는 기능적인 역할을 하는 동시에 아이덴티티를 만들어내는 부분이라고 생각합니다.

식품 패키지로서 색상 배합 역시 우수한데 밝은 노란빛이 음료의 맛과 그 재료인 바나나를 정확하게 연상시키니까요. 자칫 심심해 보일 수 있는 구성에 채도가 높은 빨간 로고가 더해지면서 입맛을 당기게 하는 효과 역시 놓치지 않았어요.

이원우
[조각가]
Time tells, 2016

Oct 20, 2024 #9

바나나맛우유 패키지를 보면 '빌렌도르프의 비너스'라 불리는 조각상이 떠올라요. 실제 크기도 아마 둘이 비슷할 듯한데 배가 불룩한 형태 그리고 머리와 발이 좁아지는 형상으로 실루엣이 유사하죠. 이 조각상의 정확한 사용 목적이나 창작 의도는 오늘날 알 수 없지만, 2만 년 전 인류의 예술품이 지닌 균형과 조화의 아름다움은 지금도 우리가 본능적으로 느끼잖아요.

그것처럼 넓어졌다 다시 좁아지는 선의 운동감과 부드러운 형태 그리고 볼륨감으로, 바나나맛우유 패키지에서 안정감과 재미있는 형태감을 느낄 수 있어요. 여기에 비너스 조각상에서 머리카락 표현이 작품의 포인트가 되듯 바나나맛우유의 초록 뚜껑이 반짝이는 장식 역할을 하며 패키지 디자인을 조화롭게 완성합니다. 오랜 시간 변치 않고 유지해 온 디자인으로 언제 어디서나 알아볼 수 있는 확실한 아이덴티티를 구축했어요.

송봉규
[BKID 대표, 산업디자이너]

Oct 20, 2024 #10

일반적인 음료 패키지 형태에서 벗어나서 두 개의 컵을 등지고 쌓은 형태에서 오는 유니크함이 가장 큰 특징이라고 생각해요. 달항아리처럼 가운데가 볼록한데 단순히 볼록한 것이 아니라 접합 부위로 단단한 구조를 이루는 동시에 잡고 마실 때 적절한 그립감을 제공하죠. 바나나맛우유는 볼록한 용기의 이미지만으로 차별성을 획득하며 이미지 선점에 성공했어요.

또한, 반투명한 용기에 내용물이 은은하게 비침으로써 실제 바나나의 부드러움과 향긋함을 잘 표현하기 때문에 식품 패키지 디자인으로서도 훌륭해요. 손에 쥐었을 때 볼륨감이 느껴져서 촉감으로도 우유의 풍미를 경험할 수 있죠.

생각보다 다양한 분야의 전문가분들이 댓글을 달아주셨다! 대부분 '배가 불룩한 형태'를 바나나맛우유 패키지의 큰 특징으로 꼽아주셨는데 각자의 분야에서 이 형태를 해석하는 방식이 흥미로웠다. 그나저나 내가 빙그레 관계자인 것이 너무 티 났으려나... 하하핳...

이 이야기는 다양한 전문가분들의 인터뷰를 일부 각색하여 구성하였습니다.

DATE. 2024. 10. 24. WEATHER. 날씨 진짜 좋음 ♬

바나나맛우유 리서치를 시작한 이후 벌써 계절이 두 차례 바뀌었다. 그간 1990년대까지의 정보를 주로 살펴보았는데 오늘은 2000년대 이야기를 들려주실 수 있는 분을 뵙기로 했다. 과거 빙그레 임원 그리고 사장으로 재직하시면서 바나나맛우유의 성장에 여러모로 기여하신 분이라고 예전부터 전해 들어서 뵙기 전부터 기대가 되었다.

안녕하세요, 대표님. 꼭 한번 뵙고 싶었어요!

1990년에 당시 계열사라 할 수 있는 한양유통에 입사하여 1992년 빙그레 임원이 되었고요. 관리본부장, 영업본부장, 생산본부장을 거쳐 사장 그리고 부회장까지 여러 직무를 맡았었죠.

그간 사보와 신문 기사를 자주 찾아봐서 저는 대표님이 익숙하기도 한데요. 과거 자료를 보면 2000년에 빙그레 대표이사로 취임하실 때 '유음료 부문을 강화하겠다'는 목표를 밝히셨더라고요. 실제로 그 이후 바나나맛우유 광고나 캠페인도 많아진 것 같고요.

이전까지 '빙그레' 하면 아이스크림 회사라는 인식이 강했어요. 투게더나 메로나 같은 히트상품이 이미 있었고 투자 대비 매출 증대도 확실했어요. 그런데 1990년대 이후 아이스크림 시장의 성장세가 둔화되기 시작했죠. 유음료 마케팅은 상대적으로 약한 시기였는데 그래서 오히려 성장 가능성이 있다고 판단하고 여러 방면에서 투자했어요. 빙그레의 대표 유음료 상품인 바나나맛우유와 요플레가 지금까지 사랑받는 데에 제가 아주 조금은 이바지한 것 같아요.

맞아요, 과거 광고 자료를 보더라도 바나나맛우유에 관한 정보가 1990년대 중반 이후 갑자기 많아지더라고요. 제품이 출시된 지 이미 20년 정도 지난 시점인데 말이에요.

1990년대 중후반은 군웅할거(群雄割據)의 시대였어요. 빙그레 바나나맛우유에 대한 소비자의 관심이 높아지니까 너나 할 것 없이 바나나 우유를 출시했거든요. 여기저기서 신제품을 내놓고 광고와 마케팅 활동을 하지 않았겠어요? 그러면서 가공유 시장 자체가 급속도로 성장했는데 나중에 빙그레 바나나맛우유를 제외한 다른 제품들은 사라지면서 바나나맛우유 매출이 엄청나게 커졌죠.

타사에서 신제품을 내놓으니 새로운 시도를 해야 하지 않냐면서 사실 우리도 PE 용기의 바나나 우유를 출시한 적이 있어요. 지금 생각하면 조금 우습긴 하지만요. 그런데 소비자 특히 식품 소비자는 참 냉철한 게 패키지로 현혹하는 데는 한계가 있더라고요. 기존의 바나나맛우유에 집중하기로 했죠.

1996년 PE 용기로 출시한 생큐 바나나맛우유. 기존 바나나맛우유의 아성을 넘지 못하고 곧 사라졌다.

다른 선배님들 이야기를 들어 보니 할인점의 등장도 당시 매출 증대에 큰 영향을 미친 것 같더라고요.

1990년대는 모든 게 맞아떨어지는 시기였던 것 같아요. 때마침 유통혁명으로 할인점 및 대형 유통업체들이 생겨났어요. 1993년에 문을 연 이마트 창동점이 국내 첫 번째 할인점이었는데 이때를 계기로 1998년에 4입 멀티팩을 만들었고요. 이전에는 대리점이나 딜러를 통해 유통했다면 이후 편의점, 할인점 등에 직거래로 납품하면서 유통의 단계 중 하나를 건너뛰고 수익률을 높일 수 있었어요.

그리고 할인점 입장에서 각 회사의 모든 제품을 가져다 놓을 필요가 없잖아요. 대리점과 달리 각 회사에서 가장 잘 나가는 제품 예를 들어 빙그레의 바나나맛우유, 다른 유업의 어떤 우유, 이런 식으로 제품마다 골라서 입점시킬 수 있죠. 그런데 바나나맛우유는 인지도가 충분하고 꾸준히 소비자의 수요가 있는 제품이라 할인점들과 계약할 때도 유리한 조건에서 거래할 수 있었어요. 이러한 유통 구조의 변화 역시 바나나맛우유 성장의 주요 요인 중 하나였다고 생각합니다.

저는 입사한 지 얼마 되지 않았지만, 일하다 보면 참 신기한 점이 세대를 막론하고 다들 바나나맛우유에 향수를 느끼시더라고요. 바나나맛우유가 이렇게 추억의 아이콘으로 자리 잡은 이유는 무엇이라고 생각하세요?

1970~1980년대에는 바나나가 엄청 비싼 과일이었어요. 당시 사람들에게 바나나는 고급 과일이라는 인식이 있었고 바나나맛우유도 고급 식품이라는 이미지가 덩달아 생긴 것 같아요. 실제로 다른 우유보다 조금 비싼 편이기도 했고요. 그래서 특별한 순간에 바나나맛우유와 함께한 기억이 많은 게 아닐까 싶어요. 부모님과 목욕 갈 때나, 기차 여행할 때 등등 특별한 날에 마셔온 거죠.

그리고 무엇보다 맛이 좋잖아요. 지금 마셔도 참 세련된 맛이에요. 이러한 요소들이 복합적으로 작용해서 추억의 아이콘으로 자리 잡은 것 같아요.

바나나맛우유와 관련해 기억에 남는 일화는 없으신지 궁금해요.

대표이사 재임 때 어떤 향료 업체에서 바나나맛우유에 사용하는 향료와 거의 같은 향료를 당시 향료 거래 가격의 반값에 주겠다고 찾아왔어요. 그때나 지금이나 바나나맛우유 생산량이 적지는 않아서 향료 원가를 절감하면 순수익이 몇십억 단위로 달라졌거든요. 약간 솔깃하긴 했죠. 그런데 마케팅팀, 연구소와 논의하고 곰곰이 생각한 결과 원래의 향료를 계속 쓰기로 했어요. 기존 업체도 해당 향료를 다른 기업과 거래하지 않고 우리에게 독점 형태로 납품했기에 신의의 문제도 있었고, 새로운 업체도 처음에는 저렴하게 거래하다가 어느 정도 안정되면 가격을 계속 올릴 거 아니에요. 무엇보다 소비자의 신뢰를 깨뜨리지 않는 게 중요하다고 생각해서 장기적으로는 별 이득이 없겠다고 판단했어요.

제가 만일 바나나맛우유에 조금이나마 기여한 게 있다면 그때 그 결정 같아요. 바나나맛우유는 꾸준히 잘 팔리는 제품이었으니 그런 유혹이 아마 상당히 많았을 테죠. 하지만 이미 잘된 제품을 크게 바꾸는 선택은 하책이고 소비자가 느끼지 못할 정도로 미세하게 조정하며 시대에 발맞춰나가는 게 좋다고 생각해요.

크게 기여하신 것 같은데요! 마지막으로, 대표님께 '바나나맛우유'란 어떤 존재이자 의미를 갖는지 듣고 싶어요.

빙그레의 효자 상품이죠. 덕분에 제가 월급을 벌 수 있었다고 생각해요. 제가 빙그레 사장 8년, 부회장 5년, 고문 2년 그리고 이후 유가공협회 회장까지 할 수 있게 만들어 준 존재입니다.

정수용 (前 빙그레 사장)

결국 향료 업체를 바꾸지 않기로 결정하셨다는 일화는 지금 생각해 봐도 참 대단하다. 나라면 눈앞의 몇십억 원 이익을 포기할 수 있었을지, 장기적 관점에서 판단하는 일이 얼마나 어려운지 또다시 배우게 되었다. 아마 이러한 선택이 모이고 모여 오늘날까지 바나나맛우유가 최상의 상태를 유지해 올 수 있었던 거겠지.

DATE. 2024. 10. 30. WEATHER. 구름 많고 흐림

바나나맛우유와 관련된 추억에서부터 함께 만들어왔던 사람들에 이르기까지 다양한 사람들을 만나다보니 하나의 제품에도 이렇게 다양한 사람들의 기억과 관점에 녹아 있을 수 있다는 것이 새삼 새로웠다. 각기 다른 사람들인데 서로 다른 추억과 역사가 있다는 것. 그것을 함께 기억하고 공감할 수 있게 하는 맛이 있다는 것. 그것이 바나나맛우유 가진 저력이 아닐까 새삼 생각해본다.

그러고 보니 바나나맛우유가 드라마나 영화 속에서 심심치 않게 등장했던 것 같다. 1988년을 배경으로 했던 '응답하라 1988'에서도 그랬고, 1998년을 배경으로 한 드라마 '스물다섯 스물하나'에서도 중요한 추억의 매개물로 등장했다. 이 외에도 기억에 떠오르는 장면들이 머릿속을 스쳐 지나간다. 대사하나, 조명하나 허투루 쓰이는 일 없는 촬영장에서 왜 사람들은 바나나맛우유를 선택하는 것일까? 사람들은 바나나맛우유에 어떤점을 기억하고 공감하는 것일까?

마음을 전하는 치트키
— 대중문화에서 발견하는 바나나맛우유

이다혜(씨네21기자, 에세이스트)

한 번도 안 마셔본 사람은 있어도 한 번만 마신 사람은 없다.

나는 한국인만 이런 줄 알았다. 그런데 한국 문화에 관심 있는 일본인도 그렇다는 것을 알고는 꽤 놀란 기억이 있다.

"그 가운데가 뚱뚱한 노란 음료수 있잖아."

일본인 친구가 말을 꺼냈을 때였다. 친구는 가운데가 불룩하게 튀어나온 모양을 손으로 그려 보이며 한국에 가면 마셔보고 싶다고 했다.

"바나나맛우유?"

"아! 바나나맛이라서 노란 거구나."

신기했다. 내가 어려서부터 즐겨 마시던 음료가 한류의 중심에서 '맛있어!'를 외치는 광경이라니. 외국인들에게도 친숙하게 느껴질 만큼 바나나맛우유는 대중매체에 자주 등장한다. 대중매체 속에서 바나나맛우유는 사랑과 우정의 상징이다. 그리고 모두의 추억이 담겨있다. 그러고 보니 나 역시 드라마나 영화에서 바나나맛우유가 등장할 때면 반가운 마음이 들었다. 어린 시절 목욕탕에서 목욕을 마치고 나면 바나나맛우유를 마시며 "캬!"하고 신나 하던 기억이 내게도 있다. 드라마 <명랑소녀 성공기>(2002)에서 남자 주인공을 연기한 장혁은 "목욕하고 먹는 바나나우유 맛 죽인다"라는 대사를 한다. 그 장면을 보면서 바나나맛우유를 맛있게 먹기 위해 목욕을 하고 싶은 기분이 절로 들었다. 그리고 그 대사에 공감하며 그 순간만큼은 '나도 주인공'이 된다.

이렇듯 바나나맛우유가 대중매체에 등장할 때 수행하는 역할이 있다. 등장하는 맥락에 따라 대사 없이도 의미를 전달할 수 있는 상징성을 갖는다. 또한 바나나맛우유는 어디에서나 구할 수 있으니 누구나 자신의 추억을 쉽게 끌어내는 공감의 기능을 한다. 드라마를 보다가 "내일 학교 마치고 돌아오는 길에 하나 마셔야지!"하는 결심이 어렵지 않게 이루어질 수 있다. 골목의 모퉁이에 있는 작은 슈퍼마켓부터 큰 사거리에 있는 마트에 이르기까지 바나나맛우유를 취급하지 않는 곳이 없다. 어렸을 때 바나나맛우유에 빨대를 꽂아 마지막 한 방울까지 쭉 빨아 마시던 추억 하나쯤 가지고 있지 않은 사람이 얼마나 될까?

친구가 들고 마시던 바나나맛우유를 부러워하며 "나도 한 모금만!"을 외쳐보지 않은 사람도 드물지 않을까? 부드럽고 달콤한, 바나나보다 더 이상적인 바나나맛을 가진 바나나맛우유가 애착 음료였던 사람도 드물지 않을 것이다.

한국 대중문화는 오랫동안 바나나맛우유를 특별하게 다루어 왔다. 주인공들의 성격, 상황의 분위기, 관계의 변화, 진심의 전달 등의 기능을 수행하는 음료로 종종 등장한다. 영화나 드라마에 우연히 등장하는 소품은 없다. 촬영 현장에서 감독은 소품팀이 가져오는 온갖 물건 중에서 어떤 물건을 어떻게 사용할지 쉼 없이 논의하고 결정한다. 우유를 마신다고? 종이팩에 든 우유? 유리컵에 든 우유? 흰 우유? 초코우유? 아니면 바나나맛우유? 한 모금에 다 마시나? 조금씩 아껴 마시나? 손에 들고 대화를 하나? 이처럼 아주 사소한 것처럼 보이는 것에도 의미가 담겨있다. 아주 작은 손짓 하나가 전혀 다른 의미를 전달하기도 한다. 이 '느낌'에 대한 수많은 '결정'을 필요로 하는 사람들로 인해 어지러울 정도다. 바나나맛우유가 등장하는 순간도 분명한 의미를 가진다.

2000년대를 전후로 등장한 대중매체에서 바나나맛우유는 남녀 간의 설렘을 표현하는 상징으로 등장하기 시작했다. 2003년 개봉해 선풍적인 인기를 끌었던 영화 <동갑내기 과외하기>(2003)에서 바나나맛우유가 등장하는 장면은 당시 신문기사에도 나올 만큼 유명했다. 영화 속 여자 주인공인 수완(김하늘)은 대학 2학년생으로 등록금을 벌기 위한 과외를 시작한다. 지훈(권상우)은 동갑내기인 수완을 선생으로 만나 자신도 모르게 빠져든다. 그러던 어느 날 수완을 슬프게 만든 짝사랑남을 혼쭐을 내고, 바나나맛우유를 물어뜯듯 시원하게 마신다.

자기가 좋아하는 여자를 위해 대신 복수해 주고 바나나맛우유를 마시는 이 장면은 '달고', '시원한' 기분을 동시에 느끼게 한다. 이 장면은 5초 정도로 짧지만 눈길을 확 끌었다.

바나나맛우유를 통해 사랑, 연애의 감정을 다루는 예는 드물지 않게 찾아볼 수 있다. 2000년에 개봉한 영화 <불후의 명작>에서 바나나맛우유는 서로의 마음을 확인하는 증표가 되었다. 영화 속 남자 주인공인 시나리오 작가로 인기(박중훈)는 언젠가 자신의 영화를 만들고자 하지만 현실은 집안의 몰락으로 빚을 갚기 위해 동분서주하고 있다. 그러던 어느 날 꿈을 향해 달려가는 그를 좋게 본 선배의 소개로 대필작가인 여경(송윤아)를 만나게 된다. 힘겨운 현실에서도 꿈을 잃지 않으려 고군분투하는 두 연인이 사랑을 이어나가는 매개체로 바나나맛우유가 등장한다. 좋아하는 상대가 수많은 우유 중 자신과 똑같이 바나나맛우유를 좋아한다는 데에는 어쩐지 운명처럼 느껴지는 데가 있는 것이다. 너도? 나도! 산골짜기 어둠을 밝히는 반딧불처럼, 사람과 사람의 마음을 잇는 진심을 전하는 상징물로 바나나맛우유가 자리한다.

드라마 <스물다섯 스물하나>(2022)에서 바나나맛우유가 등장하는 순간은 유머러스하고 즐겁다. 1998년을 배경으로 하는 이 드라마에서 바나나맛우유는 소품 하나로 시청자들에게 과거의 추억을 떠올리게 해 주는 타임머신 같은 존재인 동시에 사랑스러운 진심 그 자체로 기능한다. 시합을 앞두고 지친 희도(김태리)가 창가의 소파에 널브러져 바나나맛우유를 통째로 입에 대고 콸콸 쏟아붓듯이 마신다. 창밖에서는 이진(남주혁)이 웃으며 그 모습을 보고 있는데, 그도 바나나맛우유를 하나 가져온 참이다. 그는 빨대의 겉포장을 벗겨 꽂은 뒤 희도가 우유를 놔둔 곳에 살짝 놓아둔다. 무심코 마시던 바나나맛우유를 들어 마저 마시려던 희도는 갑자기 없던 빨대가 생긴 상황에 깜짝 놀라 "뭐야!" 하며 벌떡 일어나고, 이진이 "나야."하며 말을 건다. 갈증이 심한 사람이 급하게 마시다 체할까 물 위에 버드나무 잎을 띄워 건넸다는 옛날이야기처럼, 숨도 쉬지 않고 벌컥벌컥 마시는 희도에게 빨대를 꽂은 바나나맛우유를 건넨 셈이다. 백마를 탄 왕자가 아니라 바나나맛우유를 든 로미오려나.

이처럼 풋풋한 청춘과 첫사랑의 설렘을 상징하는 매개로 바나나맛우유가 자주 등장하는 배경에는 누구나 가지고 있는 목욕탕에서의 추억과 같은 아련함과 어린 시절의 순수함을 자연스레 떠올리기 때문일 것이다.

드라마 <응답하라 1988>(2015~2016) 이러한 대중의 인식을 가장 잘 보여주는 사례로 꼽을 수 있다. 극 중에서 엄마 선영(김선영)은 슈퍼마켓 주인에게서 다리를 다쳐 깁스를 한 아들 선우(고경표)를 위해 바나나 한 송이를 사 가라는 권유를 받는다. 한 끼 식사를 위해 구입한 콩나물과 두부를 다 합쳐도 700원이던 시절, 바나나 한 송이가 2,000원이나 한다는 말을 들은 엄마는 바나나맛우유를 대신 사 간다. 아직 다섯 살에 불과한 어린 여동생과 다리에 깁스를 한 오빠가 빨대를 꽂은 바나나맛우유와 등장하는 장면은 어머님의 사랑과 어린 시절의 순수한 추억을 자연스레 떠올리게 한다.

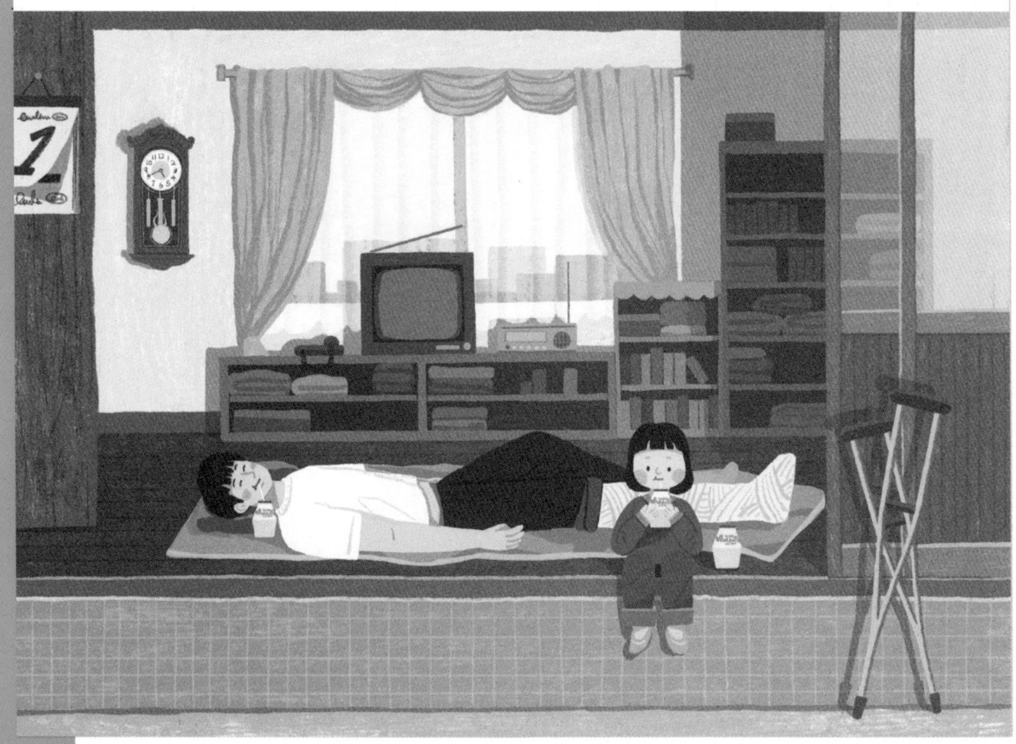

왜 영화나 드라마의 주인공들에게 바나나맛우유가 사랑받을까?
첫째, 바나나맛우유는 단지 모양의 상징적인 패키지 디자인을 하고 있기 때문이다. 오로지 실루엣만으로도, 멀리서 보아도 누구나 알아보기 쉽다. 특히 오랜 시간 동안 변하지 않은 용기는 과거를 무대로 하는 드라마에서 손쉽게 시간의 이동을 가능하게 한다. 시청자로 하여금 누구나 가지고 있을 법한 과거의 몽글몽글한 추억을 되살리는 특급 아이템인 것이다. <응답하라 1988>과 <스물다섯 스물하나>에 등장하는 바나나맛우유는 이런 타임머신으로 기능하는 셈이다. 무엇보다 바나나맛우유가 등장하는 장면은 적어도 대한민국 국민에게는 익숙한 일상의 장소다. 별다른 설명 필요 없이 '여기'가 어디인지 바나나맛우유 하나만으로 설명할 수 있다. 일상에서 친숙한 음료이니까.

바나나맛우유가 영화나 드라마 속에서 등장하는 가장 중요한 이유라면, 역시 캐릭터의 성격을 보여주고 인물의 진심을 전하는 데 이만한 치트키가 없다는 것이다. 영화 <동갑내기 과외하기>처럼 사랑이 시작되는 달달한 마음을 표현하는 것에도, 통쾌한 복수처럼 시원한 마음을 나타내는 것에도 가장 적절하다.

그리고 바나나맛우유는 '마음에서 마음으로' 서로의 진심을 전하는 도구이다. 팍팍한 현실에서 희망을 찾아나가던 영화 <불후의 명작> 속 인기와 여경, 그리고 드라마 <스물다섯 스물하나>에서 희도를 바라보는 이진의 마음을 알게 해준다. <응답하라 1988>에서는 어머님의 사랑과 어린 시절의 추억을 자연스레 떠올린다. 이런 장면들을 보면 차가운 바나나맛우유에 빨대를 꽂아 쭉 들이켜고 싶어진다. 주인공처럼 시원하고 애틋하게, 그리움을 담아서.

글: 이다혜(씨네21기자, 에세이스트)
일러스트: 소순

바나나맛우유가 타임머신이 된다니! 독특하게 생긴 바나나맛우유의 용기가 그 자체로 추억의 연결고리가 될 수 있다니! 새삼 단지가 더욱 사랑스럽게 느껴진다. 내가 나중에 할머니가 되었을 때 지금 이 순간을 기억하게 되겠지? 그때도 같은 모양에 같은 맛을 지키며 함께 하면 좋겠다.

한국의 대중문화가 전세계적으로 사랑을 받으면서 드라마 속에서 마시고 있는 음료를 궁금해한다는 것도 신기했다. 우리에게는 매일 마시는 일상인데, 생각해보니 이렇게 독특한 모양의 용기는 다른 나라에서는 찾아보기 어려웠던 것 같다. 바나나맛우유도 특별하기도 하고! 드라마나 영화처럼 바나나맛우유도 한류 열풍의 주역이 될 수 있을까? 아니면 이미 사랑받고 있나? 한국을 비롯 다양한 나라에서 사랑받는 이유를 조금 더 깊이 들여다봐야겠다.

《빙그레가족》 2001년 2월호에 게재된 바나나맛우유 지면광고. 영화 《불후의 명곡》의 한 장면을 차용했다.

DATE. 2024. 11. 7.　WEATHER. 맑음.

지난 몇 달간 관계자분들을 만나며 바나나맛우유가 오늘날까지 이렇게 오랜 시간 우리와 함께할 수 있었던 건 역시나 '빙그레 가족들'이 있었기 때문이란 생각이 들었다.

원유를 비롯해 바나나맛우유 품질을 관리하는 직원들, 바나나맛우유를 알리기 위해 발로 뛰는 판매원들, 그리고 한 명이라도 더 많은 사람에게 바나나맛우유가 닿도록 노력하는 대리점주들. 과거 빙그레 대리점 모집 광고를 보면 '빙그레 가족을 찾는다'고 했으니 과언은 아닐 거다.

얼마 전 대를 이어 빙그레 대리점을 운영하고 있는 부자의 이야기를 다룬 재미있는 기사를 발견해서 스크랩해 두었다. 조만간 이분들을 뵐 기회도 생기면 좋겠다.

빙그레 대리점 모집

정통 서구식 수준의 유제품 전문메이커 (주)빙그레는 국민 건강증진에 기여할 건강식품개발을 통하여 종합식품회사로 성장함에 따른 사세확장에 즈음하여 의욕적이고 적극적으로 함께 일할 새로운 빙그레 가족을 찾읍니다.

1. 모집대리점

가) 아이스크림 대리점
나) 우유, 요구르트, 음료대리점
다) 종합대리점

2. 모집사항 및 제출서류

모집대상	전국 ○○개소
자 격	가) 식품 및 유제품에 판매경험 있으신 분. 다) 대리점을 운영할 재력 소유한 분. 나) 희망지역에 거주하고 계신 분. 라) 활동적이고 적극적인 신체건강한 분.
제출서류	가) 자필이력서(전화연락처 기재) ······ 2통 나) 신원증명서 ······ 1통 (제출된 서류는 일체 반환치 않음)

3. 제출기간

1982. 11. 3～1982. 11. 17

4. 제출처

지 역	제 출 처
서울 · 경기	서울-동대문구 답십리 530-6(주) 빙그레 245-5551～5
부산 · 경남	부산-중구대창동1가47 (주) 빙그레 부산지점 45-3627～9
대구 · 경북	대구-중구계산동2-71 (주) 빙그레 대구지점 23-2173-2274
충남·충북·전북	대전-중구대흥동 189 (주) 빙그레 대전지점 22-2421-23-3032
전 남	광주-동구금남로3가 3-5 (주) 빙그레 광주지점 7-3456～7
강원 · 충북일원	원주-중앙동1-31 (주) 빙그레 원주지점 2-3170-9002
경 남 일 원	마산-양덕 156-6 (주) 빙그레 마산영업소 5-9889

주식회사 빙그레

“우리가 만난 사람들”

빙그레 장충대리점 김선진, 김무한 부자 2024.07.10

대한민국의 수도, 서울 그중에서 중심에 위치한 중구에 터를 잡고 대를 이어 빙그레 냉장대리점을 운영하고 있는 김선진(父), 김무한(子) 부자가 있다. 관광과 패션의 중심인 이곳에서 1987년부터 변치 않고 빙그레 제품만 고집해 온 우직한 부자를 만났다.

작은 가게를 운영하던 김선진 씨는 1987년 당시 주변의 추천으로 서울 신당동에 빙그레 대리점을 열었다. 빙그레를 선택하면 (먹고 살 수 있으니) 후회하지 않을 것이란 지인의 이야기에 그날부터 빙그레 외길 인생을 걸었고 여전히 빙그레와 함께하고 있다. 빙그레 본사는 대리점이 상생할 수 있는 전략을 잘 세워주고 본사 직원들도 오래 알고 지낸 사람이 많아 가족처럼 끈끈한 느낌이 있단다.

“일절 다른 물건은 취급하지 않아요. 우유 대리점 중에 여러 회사의 우유를 유통하는 데도 꽤 많거든요. 하지만 우리는 일편단심 오로지 빙그레예요. 그동안 자기네 제품도 받아달라고 한 회사들도 꽤 많았는데 넘어간 적이 없어요.”

빙그레 제품에 큰 자부심을 느끼는 김선진 씨가 말한다. 지난 40여 년간 빙그레 바나나맛우유에 문제가 있었던 적은 딱 한 번, 그마저도 본사에서 발 빠르게 대처하여 모두 회수해 갔다. 어떠한 문제에도 정확한 원인을 찾아 친절하게 설명해 주니 이렇게 쌓인 회사와 제품에 대한 믿음이 오늘날에는 빙그레를 향한 충성심으로 자리 잡아 대리점 건물에 빙그레 간판까지 직접 만들어 달았다.

아버지를 이어 2대 점주를 맡고 있는 김무한 씨는 역시나 바나나맛우유가 장충대리점의 인기 상품이라 말한다. 신당동 떡볶이 타운에 납품하는 쥬시쿨을 제외하면 바나나맛우유가 역시나 언제나 판매율 1위라고.

"바나나맛우유는 말 그대로 남녀노소 좋아해요. 여기는 동대문 패션타운이 가까운 동네라 의류 도매 점포에서 많이 찾고 명동을 중심으로 방문하는 관광객들도 즐겨 마셔요. 단체 관광객들이 주로 찾는 식당이 있는데 코로나19 이전에는 거의 매일 식당에 몇 박스씩 가져다주곤 했으니까요. 특히 중국 관광객들이 바나나맛우유를 엄청나게 좋아해요. 앉은 자리에서 열몇 개씩 마시는 사람도 있더라고요."

곧 50주년을 맞는 바나나맛우유의 성공 비결을 묻자 김 씨 부자는 오랜 시간 꾸준히 이 맛을 유지해 왔다는 점을 꼽았다. 단가를 낮추기 위해 용량을 줄이거나 함량을 바꾸지 않고 언제나 똑같은 맛을 고수해 온 것이 단순하면서도 가장 힘이 강한 강점이라고 입을 모아 답하며 김선진 씨는 '먹는 사람도 인이 박인 거지'라고 표현한다.

"바나나맛우유는 덜도 말고 더도 말고 그대로 두면 되어요. 변화하려고 하지 말고 이대로 두면 앞으로도 계속 사랑받을 거예요."

빙그레와의 끈끈한 유대감을 자랑하는 대리점주분들 사연을 읽으니 나까지 마음이 든든한 느낌! 그런데 맞아, 한국 사람들뿐만 아니라 관광객들도 바나나맛우유를 정말 좋아하는 것 같더라. 특히 코로나19 이후 광화문과 명동을 찾은 관광객들 손에 하나둘씩 바나나맛우유가 꼭 들려 있는 걸 보면. 빙그레에 입사하기 전까지는 별생각이 없었는데…

그럼 바나나맛우유는 요즘 해외에 어떻게 소개되고 있을까?

이 이야기는 김선진, 김무한 부자와의 대화를
일부 각색하여 구성하였습니다.

빙그레
장충대리점
Tel: 2234-2114
Binggrae
빙그레
빙그레
G강서

DATE. 2024. 11. 16. WEATHER. 약간 쌀쌀.

한국 드라마가 해외에서 큰 인기를 끌면서 치맥과 삼겹살도 함께 유명해졌는데 요즘은 한국을 찾는 여행객을 위한 미식 투어 관광상품이 따로 판매될 정도라고 한다.

바나나맛우유 역시 한류 열풍을 등에 업고 다양한 나라에서 활약 중으로 해외에서는 어떻게 소개되고 있는지 해외영업부 수출영업팀 C팀장님 그리고 해외법인영업팀 Y프로님께 현황을 간단히 여쭤보았다.

해외 영업 이렇게 접근한다!

→ 각 문화권에서 요구하는 현지화 제품을 추가로 개발하여 수출
(현재 바나나맛우유, 딸기맛우유, 바나나맛우유 라이트, 딸기맛우유 라이트 등 총 8종의 수출용 제품이 있음)

→ "대한민국 1등", "한국 가면 꼭 먹어봐야 하는 우유" 등으로 프로모션

한국에서 잘 팔린다는 사실이 주요한 마케팅 포인트가 됨★★★

→ 현지에서 시음 행사 위주로 홍보 활동
OTT 콘텐츠로 한국 드라마 등 한국 문화가 많이 알려지며 날이 갈수록 반응이 더 좋아짐.

맛이 좋아서 시음 행사 시 현지 반응이 매우 좋음★

해외 영업 일화

~~그땐 그랬지~~

7번 정답!

- 바나나맛우유 국내용은 냉장 유통 제품으로 소비기한이 짧아서 소비기한이 긴 테트라 멸균팩 제품을 수출용으로 따로 개발.
- 단지 모양이 한국 드라마, 아이돌 문화 등을 통해 워낙 잘 알려져 수출용 제품에도 단지 이미지를 넣어 같은 제품이라는 점을 마케팅 포인트로 활용★
- 2023년 기준 한국을 포함하여 전 세계 27개 국가에서 바나나맛우유 판매 중. 동아시아 > 북아메리카 > 동남아시아 순으로, 중국 > 미국 > 대만 > 필리핀 > 캐나다 순으로 매출이 높은 상황.
- 가공유 중 해외에서는 (딸기, 초코 등과 달리) 오히려 바나나맛이 흔한 편이 아니라 해외 영업 초반에 이를 익숙하게 만드는 데 어려움이 많았음.
- 국가마다 자국 낙농업을 보호하기 위해 규정, 규제 등이 모두 다르고 까다로워 각 국가에 맞게 성분이나 패키지를 개발해야 하는 점이 특히 어려움.

문화권별 특성

~~현지화 전략~~

중국

- 2008년 바나나맛우유 수출을 시작해 2012년경 중국 내에서 거래 중인 편의점 한 점포당 하루 평균 7개씩 판매될 정도로 이미 엄청난 판매량을 자랑함.
- 2014년 현지 법인 설립.
- (한국과 가까운) 몇몇 지역에만 단지 모양의 바나나맛우유 역시 일부 수출하고 있음. 한인 소비자층의 비중이 큰 미국과 달리 중국, 대만 등 중화권에서는 현지인을 대상으로도 많이 팔리고 있다는 점에서 고무적.
- "한 번 마시면 그 순간에 기쁨이나 행복을 느끼게 된다"는 슬로건 사용 ~ 한국과 유사한 정서 자극.

미국

- 1990년대 후반 메로나 아이스크림부터 수출 시작.
  2000년대 중반 바나나맛우유 수출 시작.
- 2016년 현지 법인 설립.
- 성분을 투명하게 공개하고 그에 맞는 패키지를 구비하는 것이 미국에서는 특히 중요. 모든 성분을 영어로 정확히 표기해야 함.
- 미국에서는 대부분 가공유보다 흰 우유 선호. 흰 우유나 단백질 음료, 에너지 음료를 즐겨마시는 편.
- 2000년대 초반만 하더라도 주로 한인 커뮤니티 중심이었는데 지금은 아시아권 소비자층으로 확대됨.
- 2023년 기준 바나나맛, 딸기맛, 메론맛, 커피맛, 타로맛우유 판매 중. 판매량은 바나나맛우유가 과반으로 압도적인 1등.

2016
현지 법인 설립

베트남

- 2019년 현지 법인 설립.
- 동남아시아는 전반적으로
  테트라팩 가공유 시장이 상당히 큰 편.
- 한국 문화에 대한 반응이 좋아
  "대한민국 1등"을 강조하여 영업 활동.
  빙그레 제품 선호도가 높은 편.
- 할인점, 편의점 위주로 유통.

인도네시아, 말레이시아 등

- 이슬람 문화권에 진출하기 위해 할랄 인증이
  기본 전제 조건. 개별 할랄 규정에 맞춰
  공간과 원료를 갖추고 인증받아 판매 중.
  할랄 제품으로는 아직 초기 단계이긴 하지만
  앞으로 성장 가능성이 높을 것으로 전망함.

나에게 바나나맛우유란? ((감동))

C팀장님:

“영업인의 입장에서 ‘자신감’이죠. 해외 거래처에 바나나맛우유를 가지고 가면 많이 설명할 필요도 없어요. 이미 보거나 먹어본 적 있기 때문에요. 어디서든 설명이나 긴 설득 과정 없이 판매를 시작할 수 있는 제품, 그러니까 바나나맛우유가 빙그레에 있기에 항상 자신 있게 영업할 수 있어요.”

Y프로님:

“친구나 동료? 해외 영업 업무를 20년 넘게 하고 있는데 제가 어려울 때나 힘들 때 든든하게 옆에 있어 줬어요. 매너리즘에 빠지지 않고 힘내서 일할 수 있게 옆에서 다독여주는 동료 같아요.”

간단히… 여쭤보려고 했는데 두 분 모두 성심성의껏 답변해 주셔서 귀한 시간을 너무 뺏은 것은 아닐지 나중에는 조금 우려되었다…! 너무 값지고 즐거운 시간이었다. 대화 말미에 혹시 바나나맛우유와 관련된 일화는 없으신지 여쭤보았을 때 Y프로님이 해주신 이야기도 참 인상 깊었다.

"해외 출장 갈 때 제품 샘플을 많이 챙겨가니까 남으면 제가 묵었던 호텔 리셉션 직원분들께 선물로 드리고 오거든요. 그러면 중화권 영업 초기에는 제가 일일이 설명해야 했어요. 한국에서 되게 유명한 제품이라고요. 그런데 시간이 흘러 요즘은 드리면 다들 이미 알고 계시고 반갑게 받아주세요. 인지도가 높아졌다는 걸 몸소 느낄 수 있었죠. 최근 제가 베트남 지역을 담당하고 있는데 앞으로 동남아시아 지역에 출장 갔을 때도 호텔 직원분들이 다들 아실 수 있게 해외에서 인지도를 올리는 게 저의 목표예요."

바나나맛우유의 성장은 현재진행형이구나!

DATE. 2024. 11. 28.

WEATHER. 첫눈.

해외 영업 담당자분들과 이야기를 나누고 현지에 계신 분들 의견도 들어보기로 했다. 더욱 생생한 반응을 알아보고 싶어서! 베트남, 중국 그리고 미국에 계신 분을 어렵게 섭외했다.

안녕하세요, 간단한 자기소개를 부탁합니다.

↳ 베트남 호찌민에 사는 팜쑤언호앙(Pham Xuan Hoang)입니다. 유통업자로 일하고 있습니다.

언제 빙그레를 처음 알게 되셨나요?

↳ 2005년쯤일까요, 당시 냐짱 시장에서 판매원으로 일하면서 빙그레 아이스크림을 먼저 알게 되었습니다. 그때는 가격이 좀 비싼 편이라 판매량이 그리 많지는 않았지만요.

베트남에서 빙그레 제품을 쉽게 찾을 수 있나요?

↳ 그럼요, 슈퍼마켓과 편의점에 대부분 있어요!

베트남에서 빙그레 제품은 잘 알려진 편인가요?

↳ 몇 년 전만 해도 빙그레는 생경한 이름이었어요. 사람들이 '한국 아이스크림' 아니면 '한국 바나나맛우유' 그러니까 수입국의 이름으로 빙그레 제품을 불렀거든요. 그런데 K-팝과 K-드라마가 인기를 끌면서 베트남 사람들 특히 10대들이 한국 제품에 열광하기 시작했어요. 요즘은 빙그레 이름도 꽤 알려진 편이죠. 그리고 요즘 베트남에서 하이퍼마켓, 슈퍼마켓, 편의점 등 새로운 상점이 매일 생기고 있다고 해도 과언이 아닌데요. 소비자들이 더 많은 제품을 만나고 비교할 기회가 늘어나면서 빙그레 인지도도 높아진 것 같아요. 빙그레가 그간 각종 박람회에 참가한 것도 물론 효과적이었고요.

마지막으로, 바나나맛우유를 하나의 단어나 문구로 표현한다면요?

↳ 환상적(fantastic)이에요! 맛이 정말 좋으니까요.

안녕하세요, 간단한 자기소개를 부탁합니다.

↳ 중국 옌지에 사는 우린징(吴林璟, 오임경)입니다. 한국에 가본 적은 없지만 한국 드라마, 예능 프로그램 등은 많이 봐서 친숙해요.

바나나맛우유를 보거나 먹어본 적 있으신가요?

↳ 2011년쯤 처음 알게 되었고 이 지역 사람들은 자주 사 마시는 편이에요. 다른 유제품보다 가격이 비싸긴 한데 맛이 좋아서 다들 많이 마시고 특히 어린이와 여학생들이 좋아하는 것 같아요. 테트라 멸균 팩 말고 단지 모양의 바나나맛우유도 마셔본 적 있고요.

단지 모양의 바나나맛우유를 보고 어떤 생각이 드셨어요? 한국에서는 항아리를 떠올리는 사람도 많거든요.

↳ 아기 젖병이나 곰돌이 푸의 꿀단지를 닮았다고 생각했어요.

중국에서 바나나맛우유는 잘 알려진 편인가요?

↳ 다른 지역은 잘 모르지만 옌지에서는 빙그레를 대부분 아는 것 같고 대도시에 사는 젊은 사람들에게는 많이 알려져 있어요. 중국에서 바나나맛우유가 흔한 맛은 아니라 다들 한 번쯤 먹어보고 맛있어서 계속 먹는 것 같은데요, 바나나맛을 싫어하는 사람은 별로 없으니까요. 그리고 바나나맛우유가 많이 달지 않기에 부모들이 다른 유제품보다 더 건강하다고 생각해서 아이들에게 종종 사주는 것 같아요. 적당히 달아서 어른이 마시기에도 부담이 없고요.

마지막으로, 바나나맛우유를 하나의 단어나 문구로 표현한다면요?

↳ 맑은 날씨에 부는 시원한 바람 같아요. 바나나맛우유 없이 못 산다는 뜻은 아니지만, 바나나맛우유로 상쾌함과 편안함을 느낄 수 있어 좋아요.

2023 상해매트로시티 바나나맛우유 놀이터

2023 상해 깃발광고

2024 옥외광고

宾格瑞
香蕉味牛奶饮料
50th 周年庆
ANNIVERSARY
빙그레
바나나맛우유
一口就开心

바나나맛

바나나맛
KOREA's FAVORITE
KOREA's FAVORITE
Binggrae
Binggrae

MELONA
Korea's All-Time
Favorite Milk Drink
Banana
Coffee
Strawberry
Melona
Wonderland

미국 현지 사진

안녕하세요, 간단한 자기소개를 부탁합니다.

↘ 저는 현재 빙그레 미국 법인에서 일하고 있어요. 2009년부터 해외영업팀에서 미국 담당으로 근무하다가 미국 법인을 설립하면서 여기로 넘어와 계속 일하고 있습니다. 안 믿으실지도 모르지만, 바나나맛우유를 어렸을 때부터 너무 좋아해서 빙그레에 입사한 경우예요.

미국에서 바나나맛우유는 잘 알려진 편인가요?

↘ 사실 현재 미국 내에서 가장 유명한 빙그레 제품은 메로나거든요. 아이스크림 위주로 프로모션 활동을 하는데 신기하게 바나나맛우유 매출도 계속 같이 오르고 있어요. 요즘은 아이스크림과 가공유의 매출 비율이 6:4 정도로 엇비슷해지고 있고요. 단지 모양의 바나나맛우유가 한국 드라마나 영화에 자주 나오니까 익숙한데, 단지 이미지가 테트라팩에도 있어서 자연스레 같은 제품으로 인식하는 것 같아요.

매출도 확실히 늘었고 인기도 좋지만 아직 아시아계 사람들 위주라는 한계도 분명히 존재해요. 법인이 있는 미국 서부 지역을 시작으로 주류 시장에 진출하기 위해 노력하고 있습니다. 지난여름 샌프란시스코 지역의 코스트코 지점들에서 테스트 판매를 했는데 예상했던 것보다 반응이 훨씬 좋아서 현재 미국 전역에 정식 납품을 목표로 영업하고 있어요.

주로 어떤 마케팅 활동을 하시는지도 궁금한데요.

↘ 틱톡과 인스타그램을 운영하고 있는데, 틱톡을 보시면 바나나맛우유 테트라팩 탈을 쓰고 K-팝 춤추는 영상이 많아요. (@enjoymelona) 그게 요즘 아주 인기가 좋습니다. 남녀노소 다들 좋아하시는 것 같아요. 이외에 박람회에 나가서 시음 행사도 하고요. 이때 바나나맛우유 단지 모양의 굿즈도 판촉물로 활용하는데 반응이 상당히 좋아요.

미국 시장을 공략하는 전략 그리고 앞으로의 목표도 들려주세요.

↳ 전략은, 당연히 맛이죠! 맛이 가장 정직한 무기예요. 솔직히 진짜 맛있잖아요? 목표는 미국 주요 대도시의 대다수 슈퍼마켓에 바나나맛우유를 입점시키는 거예요!

마지막으로, 바나나맛우유를 하나의 단어나 문구로 표현한다면요?

↳ '사랑'이요. 저는 물건 파는 사람이 그 제품을 사랑하지 않으면 잘 팔 수 없다고 믿어요. 바나나맛우유는 제가 어릴 때부터 계속 사랑해 온 간식이고 그만큼 애정이 있으니까 꾸준히 열심히 일할 수 있는 거죠. 역사가 오래된 제품을 보면 맛도 똑같고, 디자인도 바뀌지 않은 것 같잖아요.

저도 빙그레에 입사하기 전에는 몰랐는데, 바나나맛우유뿐만 아니라 다른 회사 상품이라도 오래 사랑받는 제품들을 보면 공통점이 있어요. 시대의 변화에도 맛은 유지하면서, 성분은 더 좋게 바꾸고, 비슷한 디자인인 듯하지만 촌스럽지 않게, 젊은 세대도 함께할 수 있도록 익숙하면서도 새롭게 다가갈 수 있도록, 모두 계속 고민하고 노력했기에 오래도록 사랑받을 수 있는 거예요. 흔히 얘기하는 추억팔이로는 그러기 어려워요. 개발팀, 생산팀, 영업팀, 마케팅팀 등등 다 같이 애쓴 결과죠. '많이 팔려 왔으니까' 당연히 유지되는 게 아니라 '많은 사람이 노력한 결과물'이기에 발전해서 오늘까지 함께할 수 있다는 이야기를 꼭 전하고 싶어요.

빙그레 미국 법인 SNS 이미지. 테트라팩 인형 탈을 적극적으로 활용하고 있다.

DATE. 2024.12.2 | WEATHER. 진눈깨비

벌써 12월이다. 한 해가 저물어간다. 빙그레의 신입사원이 되어서 바나나맛우유의 과거, 현재를 따라가보았던 올 한 해는 특히 기억에 많이 남을 것 같다. 한국을 넘어 해외에서도 널리 사랑받고 있는 바나나맛우유라고 하니 여러 생각이 많아진다. 음식에 대한 사람들의 관심이 많아지고, 여러 다양한 상품이 나오는 지금, 변하되 변하지 않는 바나나맛우유를 사람들에게 더욱 사랑받게 하려면 어떻게 해야할까? 내가 선배들이 해왔던 것처럼 잘해낼 수 있을까?

'마케팅 사관학교'라고 불릴만큼 업계의 이목을 끄는 시도가 많았다고 하는데, 외부 전문가들은 이를 어떻게 보고 있을까? 과거를 들여다보면 미래가 보이지 않을까? 마케팅 전문가분에게 바나나맛우유 마케팅의 50년에 대한 이야기를 한번 들어보아야겠다.

영원하기 위해 변화하라 : 바나나맛우유 마케팅의 짧은 역사

2024년, 바나나맛우유가 탄생 50주년을 맞이했다.

50년이라는 세월을 견뎌 냈다는 것. 100년 이상 살아남은 기업의 수가 20곳이 채 되지 않는 대한민국의 현실에서 50년을 변함없이 하나의 브랜드로 견뎌왔다는 것은 큰 의미가 있다. 단순히 오래 살아 남았다고 의미가 있는 것은 아니다. 바나나맛우유는 지금도 하루 평균 80만 개가 판매되고 있다. 시대 변화에 잘 적응하며 오늘도 많은 사람들에게 사랑받는 브랜드이기 때문에 장수 브랜드라 손꼽힐 수 있다.

지난 50년간 진행되어 온 바나나맛우유 캠페인을 돌아보자. 자세히 들여다보면 볼수록 이 오래된 브랜드가 시대의 흐름에 한 발짝 앞장서서 영민하게 소비자들과 소통해왔는지 알 수 있다. 바나나맛우유는 탈피를 거듭하며 변신해왔다. 그 역사를 시대별로 마케팅 1.0, 2.0 그리고 3.0으로 분류해보았다.

마케팅 1.0

2000년대 이전은 바나나맛우유 마케팅 1.0으로 분류할 수 있는 시기다. 이 시기 마케팅의 특징은 제품이 가진 특성을 중심으로 소비자와 의사소통을 한다. 제품을 통해 소비자가 얻을 수 있는 이득(Product Benefit)을 부각하는 메시지를 주로 전달한다. 메시지를 전달하는 수단도 전통적인 미디어 매체인 신문이나 잡지의 지면, 또는 TV 광고를 중심으로 진행된다. 70년대 후반에서 80년대까지 바나나맛우유의 캠페인을 살펴보면 바나나맛우유를 마시면 '튼튼해진다'거나, '예뻐진다'와 같이 소비자가 얻을 수 있는 효과에 집중한 메시지를 전달하였고, 이러한 활동은 제품의 특성을 고객에게 효과적으로 전달한 예시라 볼 수 있다.

1980년대 중후반에 이르면서 바나나맛우유가 보다 많은 소비자들에게 친숙한 브랜드가 되었다. 소비자의 일상에서 함께 하는 제품으로 인식되는 단계에 이르자, 제품이 가진 특성보다는 때와 장소, 상황(T.P.O.: Time, Place, Occasion)에 맞춰 소비자에게 제안하여 관심을 환기 시키는 방식이 등장하기 시작했다. 예를 들어, 1987년에 만들어진 '화요일은 아빠와 함께 빙그레 우유'는 목욕탕이란 특별한 장소에서 많이 소비되는 바나나맛우유의 상황을 고려한 캠페인 광고였다. 과거 목욕탕이라는 장소는 '만남과 휴식'의 경험을 주는 특별한 공간이었다. 우리는 그곳에서 일주일에 한번 부모님의 손을 잡고 휴식을 취하거나 동네 이웃들과 만나고는 했다. 한주를 마감하고, 새로운 한주를 시작하는 의식의 공간이자, 사회적 관계를 만드는 매개였던 것이다. 이때 만들어진 이미지는 지금까지도 '목욕탕'이라는 단어 뒤에 자연스레 '바나나맛우유'가 뒤따라올 정도로 강한 문화적 상징성을 가지게 되었다.

1988 서울 올림픽은 80년대를 상징하는 대표적인 순간이다. 이 시기를 기점으로 90년대 후반까지 대한민국은 급격한 변화를 겪는다. 대한민국의 국제적인 인지도가 상승하기 시작하였고, 중산층의 성장과 함께 국내 관광 산업이 폭발적으로 성장하였다. '우리 함께 떠나요', '떠나는 즐거움, 함께 가는 즐거움'과 같은 바나나맛우유의 캐치 프레이즈가 등장하던 시기와도 맞물린다. 매년 여행과 관련된 고객의 사연이나 추억을 공모하여 여행과 바나나맛우유가 자연스럽게 연상될 수 있도록 하였다. 이때부터 여행하면 바나나맛우유라는 인식이 널리 퍼지기 시작했다.

바나나맛우유는 탄생 초기부터 90년대 후반까지 국내에 '마케팅'이라는 개념이 채 정립되기 이전부터 한발 앞선 고객과의 소통을 진행했다. 마케팅 1.0으로 구분될 수 있는 이 시기에 바나나맛우유는 국내 마케팅 발전의 초석을 닦는 한편, 소비자의 뇌리에 긍정적인 이미지로 각인되는 브랜드로 자리매김 할 수 있었다.

마케팅 2.0

2000년대에 접어들며 바나나맛우유의 마케팅은 변화의 지점을 맞는다. 소비자와의 감정(emotion)적인 연결을 만드는데 집중한다. 제품의 특징을 강조한 메시지보다는 소비자와 제품과의 특별한 교감을 만든다. 이 시기가 바나나맛우유 마케팅 2.0이다. '마음에서 마음으로 바나나맛우유', '마음까지 채운다 바나나맛우유' 와 같은 캠페인이 전달하는 메세지는 바나나맛우유가 단순히 마시는 음료가 아닌 감정을 반영하는 도구가 될 수 있도록 하였다. 소비자들의 마음과 마음을 잇는 가교 구실을 하는 중요한 감정적 도구로 성공적으로 자리매김하였으며, 이를 통해 제품이 주는 기능적인 이득과, 특정 장소에서 마시는 제품이란 점을 뛰어 넘게 되었다. 사랑하는 대상에게 마음을 전할 때 떠오르는 정서적 매개체로서 성공적으로 자리잡게 된 것이다.

이런 적절한 마케팅 캠페인이 사람들로 하여금 깊이 있는 정서적 교류를 나눠온 바나나맛우유를 계속 찾게 만드는 데 중요한 역할을 했다.

마케팅 3.0

'채워바나나' 캠페인은 바나나맛우유 마케팅의 새로운 전기를 마련했다. 2016년 해당 마케팅이 시작된 전후의 시기를 3.0으로 구분할 수 있다. 일방적으로 소비자에게 메시지를 전달하는 과거의 방식이 아닌 고객과의 양방향으로 소통을 하려는 다양한 시도가 만들어진 시기다. '바나나맛우유'의 초성을 모두 떼고 인쇄를 하여 그 여백을 소비자가 직접 채우도록 하는 참여형 캠페인은 긍정적인 반향을 불러 일으켰다. 이를 계기로 소비자와 쌍방향 커뮤니케이션을 하는 마케팅의 방향성이 전환되는데 큰 역할을 하였다.

목욕탕, 여행 등으로 대변되는 문화적 상징에서, 마음을 이어주는 정서적 상징, 그리고 여기에서 한발짝 더 나아가 새로운 세대가 새로운 '관계'를 맺는 방식을 표상한다. 이를 통해 '어린 시절 부모님과 함께 목욕탕에서 마셨던 우유'가 추억의 상징이 아닌 동시대의 새로운 장면을 만들어낸다. 맞춤형 고객 경험의 시도는 끊임없이 계속된다. 'CJ 올리브영'과 함께 바나나맛우유 화장품을 만들거나, 바나나맛우유를 마실 때 사용되는 빨대를 하트 모양, 링거줄 모양 등으로 만든 '마이스트로우'를 굿즈로 판매하는 등 시대를 앞서는 파격적인 시도가 그 뒤를 이었다.

바나나맛우유의 지난 50년 동안의 캠페인 역사를 들여다보면, 왜 여전히 '1등'이 바나나맛우유인지 알 수 있게 된다. '맛'있는 우유를 독특한 단지 모양으로 디자인 된 '용기'에 담아 파는 가장 본질적인 부분을 놓치지 않았다. 여기에 더해 1등에 안주하지 않고, 시대의 변화의 흐름에 명민하게 반응해온 모습을 지난 바나나맛우유의 다양한 마케팅으로 자연스럽게 읽을 수 있다. 시장의 변화에 적응하는 것을 넘어 시장을 이끌어 간 끊임없는 노력이 지금의 바나나맛우유가 가진 브랜드 가치의 원천이다. 앞으로 빙그레 바나나맛우유의 100년이 기대되는 이유다.

글: 이승윤(디지털문화심리학자, 건국대 교수)

역시! 전문가의 의견을 들어보니 그동안 파편적으로 흩어져 있던 생각들이 정리가 되기 시작한다. 시대를 읽는 눈, 소비자와의 공감, 그리고 무엇보다 변하지 않는 맛과 용기, 이러한 품질에 대한 고집이 지난 50년동안 한결같이 사랑받을 수 있는 비결이었다.

앞으로도 바나나맛우유를 사랑해주는 소비자들의 일상 속에서 추억을 함께 만들어가는 바나나맛우유가 될 수 있도록 노력해야겠다.

DATE. 2024. 12. 5. WEATHER. 쌀쌀.

지난 몇 개월간 여러 바나나맛우유 관계자분들을 만나 뵙고 또 팀장님의 외장하드도 면밀히 살펴본 결과, 한 가지 사실은 확실히 알 수 있었다. 바나나맛우유는 항상 소비자와 가까이 있기 위해 끊임없이 노력해 왔다는 것. 소통 방식은 시대에 따라 조금씩 달라졌지만 말이다.

인터넷 카페와 페이스북을 지나 근래에는 인스타그램과 유튜브의 시대가 되면서 영상이나 밈으로 소비자와 티키타카 하는 사례가 훨씬 많아진 것 같다. 그에 따라 확실히 최근의 키워드는 재미와 즐거움인 것 같고. 몇 년 사이 인상적이었던 캠페인 일부를 정리하고 앞으로 무엇을 하면 좋을지 고민해 보기로 했다.

소비자분들이 제공한 "마이스트로우" 아이디어

재미와 즐거움이라면, 가장 먼저 떠오르는 건 2017년에 진행한 “마이스트로우” 캠페인이다. 바나나맛우유를 재미있고 새롭게 즐길 수 있는 이색 빨대 5종을 개발하여 일부 판매하였는데 해당 제품과 광고 영상이 큰 화제를 끌었다. 세계 3대 광고제 중 클리오 광고제에서는 통합캠페인 부문 금상, 제품혁신 부문 은상을, 뉴욕 페스티벌 국제 광고제에서 동상을 수상하기도 했다고.

매운 음식을 먹을 때 바나나맛우유로 중화하거나 (SOS 스트로우), 숙취해소제로 바나나맛우유를 애용하는 (링거 스트로우) 등 소비자들이 ‘내가 알던 맛’을 새로운 방식으로 즐길 수 있게 하는 데에 집중하여 진행한 캠페인이라 특히나 반응이 좋았던 것 같다.

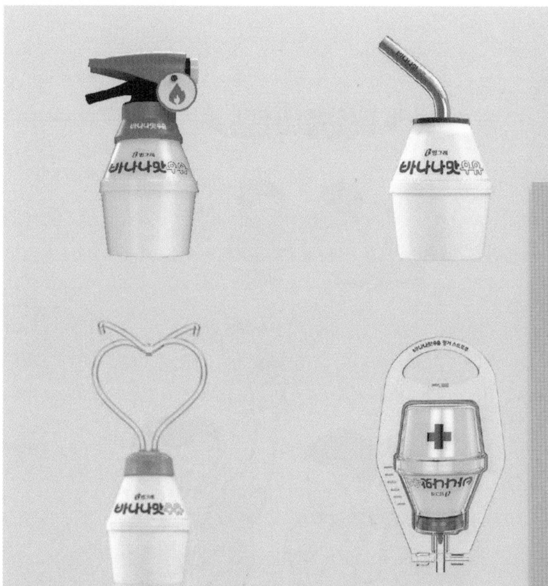

영상 보러가기 ↓

왼쪽 상단부터 시계방향
1. 매운 음식을 먹을 때 입안을 진화하는 분무기 형태의 SOS 스트로우
2. 한 번에 많이 마실 수 있는 자이언트 스트로우
3. 숙취가 심해 침대에서 일어나기 싫은 날 손을 대지 않고 바나나맛우유를 마실 수 있는 링거 스트로우
4. 연인끼리 다정하게 나눠 마시게 하는 러브 스트로우

이어서 2018년에 진행한 "함께 놀아요 바나나맛우유" 뽑기 캠페인은 소비자분들이 말 그대로 함께 놀 수 있는 프로젝트였다. 바나나맛우유 모양의 용기에 추억의 놀이 즉, 팽이, 공기, 학종이, 실뜨기, 고무줄, 구슬을 랜덤으로 넣어 판매했는데 이런 놀이를 잘 몰랐던 젊은 세대에게도 반응이 아주 좋았다고.

"함께 놀아요 바나나맛우유" 뽑기 캠페인

SNS에 해시태그 #함께놀아요로 검색하면 소비자들이 올린 게시글도 꽤 많았다. 추억의 놀이를 매개로 세대 간의 소통 및 공감과 재미까지, 두 마리 토끼를 잡은 셈! 부모 세대에게는 추억을, 젊은 세대에게는 새로움을 선사한 캠페인이었는데 바나나맛우유가 남녀노소 불문 누구와도 친구가 될 수 있다는 사실을 증명해 낸 것이다. 이렇게 전 세대에 걸쳐 거부감 없이 사랑받는 브랜드가 몇이나 될까. (갑자기 흐뭇)

고무줄을 사용하시기 전에 본 유의 사항을
반드시 잘 읽고 지켜주세요

1 고무 특성상 냄새가 날 수 있으나 시간이 지나면 점점 사라집니다
2 고무줄을 잡았던 손은 놀이 후 깨끗하게 씻어주세요
3 무리하게 줄을 잡아당길 시 끊어질 위험이 있으니 주의해주세요
4 직사광선이나 고온에 약하므로 화기나 열, 햇빛이 비치는 곳에 보관을 삼가주세요
5 미끄러운 바닥에서 사용하는 행위는 부상의 위험이 있으니 주의해주세요
6 놀이 전 스트레칭 등 충분한 준비운동을 권장합니다

함께 놀아요
바나나맛우유 뽑기
실뜨기
아이 씐나~

학습 목표
스마트폰 그만봐.
같이 노올자

심화 학습 1
쉬는 시간에 뭐해?
너랑 실뜨기!

심화 학습 2
이거,, 내 마음의 모양이야
그렇구나~
...

활동 요령

준비물

무지개색 실, 양 손가락, 어느 곳에서나 가능, 2인 이상

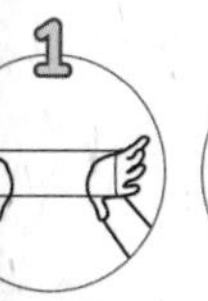

1 양손에 실을 번씩 감아 건다

2 오른손 중지로 왼손 바닥에 있는 실을 걸고 왼손도 같은 방법으로 실을 걸어 당긴다

3 각자가 원하는 모양으로 실뜨기를 진행하다가 모양이 흐트러지면 실패한 것으로 간주한다

과도하게 어려운 모양을 시도할 시 실패할 확률이 높다

보조 준비물

안꼬이게 감아놓자
실감개

심화 학습 3

심화 학습 4

실을 뜨다
사랑에 눈뜨다

2020년의 "바나나맛우유 요술단지" 캠페인은 (당시 나는 빙그레 직원이 아니었음에도 정말 좋아한 프로젝트로) 소비자에게 한층 더 가까이 다가가기 위해 노력한 사례라 할 수 있다. 당시 출시한 바나나맛우유 요술단지 에디션에 적힌 전화번호로 전화를 걸어 새해 소원을 녹음하면, 요술단지가 문자로 답을 보내주었다. 코로나로 원치 않게 소통이 단절된 상황에서 바나나맛우유가 어떻게 사람들에게 힘을 줄 수 있을지, 어떻게 사람의 온기를 느끼게 해줄 수 있을지 고민 끝에 기획한 캠페인이었다.

'요술단지' 뮤직비디오
(음악: 비비, 애니메이션: 람다람)

영상 보러가기 →

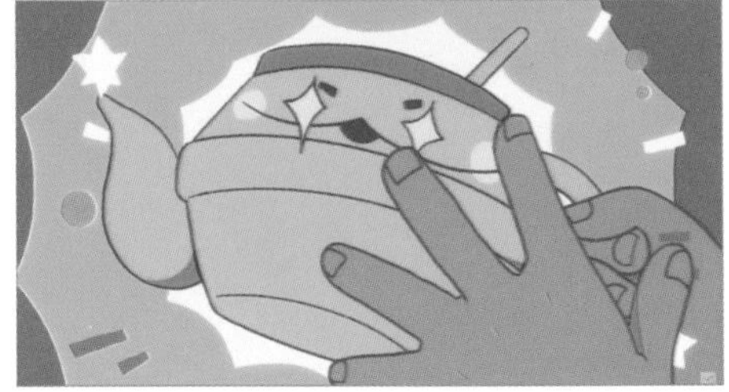

"바다다 다다다다 다다다 건너
만나게 해 줘
바나나 나나나나 나나나
내 소원을 들어줘
단지 힘을 내고 있는 중이야
빨리 이뤄지게 될 거야
나나 나나나나 나나나
네 소원을 말해줘"

여기서 그치지 않고 이렇게 모은 소원을 바탕으로 노래까지 만들어 공개했다. 나도 이 노래 한창 즐겨 들었는데! 코로나19로 지친 이들에게 잠깐이나마 위안이 되는 프로젝트였는데, 노래까지 좋아서 이 뮤직비디오를 즐겨 찾는 사람이 아직도 많은 것 같다. '안녕단지' 유튜브 채널의 인기 동영상 자리를 여전히 유지하고 있는 걸 보면.

뮤직비디오 조회수 300만 회를 돌파하며 요술단지 특별 에디션도 출시했다.

요술단지 에디션

‘요술단지’ 뮤직비디오를 오랜만에 다시 보다가 자연스레 유튜브 검색으로 넘어갔다. 소비자분들이 바나나맛우유를 맛있게 즐기는 자신만의 비법이나 각종 마케팅 캠페인에 참여한 후기를 재치 있게 정리해 둔 영상이 생각보다 많았다. 여기저기 인터넷 서핑을 하다 보니 세 명의 유저가 눈에 들어왔다. 두 분은 바나나맛우유 관련 영상을 만들어 유튜브에 게재한 경험이 있고, 다른 한 분은 블로그에 과거 바나나맛우유 마케팅 캠페인 활동을 착실히 기록해 두셨더라. 어떤 계기로 바나나맛우유 관련 활동을 하게 되었는지 인터넷상에서 대화를 요청했다.

취한무드등, 자취방 편집실, 홍차왕자와의 대화(4)

안녕하세요, 유튜브에서 '바나나맛우유' 관련 영상을 너무 재미있게 봐서 말을 걸어 보고 싶었어요.

13:49

취한무드등

안녕하세요ㅋㅋ

13:50

자취방 편집실

안녕하세요!

13:50

홍차왕자님은 블로그에 과거 바나나맛우유 마케팅 캠페인을 잘 정리해 두셔서 깜짝 놀랐고요.

13:51

홍차왕자

안녕하세요, 온라인 인플루언서로 블로그와 인스타그램 채널을 운영하며 빙그레와 인연을 맺게 되었는데요. 이후 빙그레의 여러 제품을 만나면서 찐팬이 되었습니다.

홍차왕자가 직접 촬영한 "바나나맛우유, 새로운 친구를 만나다" 전시 전경 사진

취한무드등, 자취방 편집실, 홍차왕자와의 대화(4)

취한무드등님은 '단지 얼굴 그리기 이벤트'에 참여한 경험을 영상으로 만들어 올리셨죠.

13:52

취한무드등

네! 제 유튜브 채널 시청자가 이벤트를 추천해 줘서 참여했고 단지 얼굴을 다양하게 그려 보냈습니다.

13:53

자취방 편집실님은 당시 한정판 시리즈였던 리치피치맛우유를 마시고 디스랩 영상을 만들어 올리셨고요 ㅎㅎ

13:55

자취방 편집실

사실 영상 수업 과제로 만든 건데요, 자유주제의 영상을 하나 만들어 올리는 과제였어요. 그 시기에 여러 맛의 단지 우유가 나왔고 특이한 건 꼭 시도해 보는 성격이라 나올 때마다 사 먹었는데 리치피치맛이 유독 별로더라고요 ㅎㅎㅎ 그래서 그걸 주제로 친구에게 리치피치맛우유 디스곡을 만들어 달라고 부탁하고 제가 뮤비를 찍었어요.

13:57

그런데 두 분 모두 그 영상에서 끝나지 않고 빙그레 관계자의 답가(?)가 이어졌죠.

14:00

자취방 편집실

맞아요, 그 영상을 본 관계자분이 맞디스곡을 만드셨어요. 😆

14:01

취한무드등, 자취방 편집실, 홍차왕자와의 대화(4)

취한무드등

저는 관계자분이 선물과 고소장을 보내셨어요.
유사한 이벤트에 몇 년간 계속 참여해서 답장도
여러 번 받았습니다ㅋㅋㅋㅋ

14:02

〈 〉 자취방 편집실의 리치피치맛우유 디스곡 뮤직비디오

〈 〉 빙그레의 맞디스곡 뮤직비디오

취한무드등, 자취방 편집실, 홍차왕자와의 대화(4)

담당자분으로부터 연락받으니 어떠셨어요? 😮
14:03

취한무드등

소비자와의 소통에서 재미를 정말 중요하게 생각한다는 걸 알게 되었어요. 그게 아니라면 저 같은 경우는 솔직히 그만하라고 한 번쯤 경고를 받았을 것 같아서요. 😂😂😂
14:05

자취방 편집실

저 역시 소비자의 사소한 아이디어에도 귀 기울이고 소통한다고 생각했습니다.
14:06

그렇다면 바나나맛우유가 소비자와의 소통에서 중요하게 생각하는 가치나 기준은 무엇이라고 생각하시나요?
14:07

취한 무드등이 받은 고소장 ↓

취한무드등, 자취방 편집실, 홍차왕자와의 대화(4)

홍차왕자

한마디로 정의하면 '세대를 아우르는'이 아닐까요?

기성세대는 변함없는 맛으로 '일주일에 한 번, 목욕탕에서 깨끗이 목욕하고 나와 받는 포상'이라는 달콤한 추억을, MZ세대는 #단지가궁금해 시리즈, 옐로우카페, 마이스트로우, 마이테이스트 등의 캠페인을 통해 '기존의 바나나맛우유를 특별하게 즐길 수 있는' 새로운 추억을 만들 수 있었죠.

'세대를 아울러 전 연령이 사랑할 수 있는 가치'는 바나나맛우유만의 큰 강점이라고 생각해요. 그 중심에는 세월이 흘러도 추억할 수 있는 맛, 그 맛을 매개로 세대가 연결되고 다양한 캠페인으로 폭넓은 공감대를 가질 수 있었던 것 같아요.

14:10

홍차왕자가 직접 촬영한 마이스트로우 제품 이미지

취한무드등, 자취방 편집실, 홍차왕자와의 대화(4)

바나나맛우유 마케팅 캠페인 중 기억에 남는 다른 이벤트도 있으신가요?

14:12

홍차왕자

"단지 세탁소" 캠페인이 가장 기억에 남아요. 기후 변화, 탄소 중립 등 환경 이슈는 현대 사회의 우리가 직면한 큰 문제 중 하나지만, 사실 많은 사람이 무감각하게 여기고 있지 않나 싶은데요.

바나나맛우유를 먹고 난 뒤 용기를 깨끗이 씻어 분리배출하는 것, 무척 쉽지만 또 막상 매번 실행하기는 어려운 이 과정을 소비자가 즐겁게 할 수 있도록 유도하고, 나아가 나의 작은 실천이 환경 보호의 첫 단계라는 걸 재고할 수 있었던 특별한 프로모션이었다고 생각합니다.

14:15

취한무드등

저는 '요술단지' 노래를 좋아해서 정말 자주 들었어요.

14:16

세 분은 바나나맛우유와 특별한 접점이 있는 입장에서, 바나나맛우유가 이토록 오랫동안 소비자의 사랑을 받는 힘은 어디에 있다고 생각하세요? 솔직한 의견이 궁금해요!

14:18

취한무드등

일단 맛있잖아요.

14:20

취한무드등, 자취방 편집실, 홍차왕자와의 대화(4)

취한무드등

그리고 패키지 모양이 한몫했다고 생각해요. 상징성이 있으니까요. '바나나맛우유' 하면 누구나 그 모양을 떠올리게 만든 것이 가장 큰 힘이지 않나 싶습니다. 브랜드를 만드는 건 결국 디자인이라고 생각해서요.

14:22

자취방 편집실

저도 비슷한 생각이에요. 패키지와 맛 모두 그대로인 부분 그 자체가 소비자의 사랑을 받는 이유인 것 같아요. 어떻게 보면 단순한 제품이라 소비자들도 특별한 변화보다는 그 기조를 유지하길 바랄 거예요.

14:25

홍차왕자

결국 바나나맛우유 브랜드의 힘이겠죠.

'바나나맛우유' 하면 가장 먼저 떠오른 형태, 암흑 속에서도 촉각만으로 바로 찾을 수 있는 단지 용기, 국산 원유 85% 이상의 풍부한 맛, 맛있기에 또 다른 여러 맛으로 확장할 수 있는 자매품과 한정판들, 기성세대에게는 향수를 일으키는 한편 다채로운 캠페인으로 요즘 세대에게는 새로운 추억을 만들어 주는 것.

50년간 이어져 온 헤리티지와 브랜드의 힘이 있었기에 가능하지 않았을까요?

14:30

취한무드등, 자취방 편집실, 홍차왕자와의 대화(4)

정말 감동적인 답변이네요!

마지막으로, 바나나맛우유가 출시 50주년을 맞았어요. 축하의 메시지를 하나 보내주신다면요.

14:32

자취방 편집실

50주년을 진심으로 축하하고 지금처럼 초심 잃지 않고 60, 70, 100년까지 갔으면 좋겠습니다.

14:33

홍차왕자

50년 동안 우리의 추억과 함께했듯 앞으로 100년, 1000년 오랫동안 모두가 기억하는 장수 브랜드가 되길 바랍니다. 50주년 진심으로 축하합니다!

14:35

취한무드등

어, 뭐야, 단지가 형이었어? 형, 그동안 장난쳐서 미안해. 내가 많이 사랑하는 거 알지?

50주년 축하해 ^^7*

14:36

단순히 웃길 줄 알았는데 세 분이 진심으로 바나나맛우유를 생각하는 마음을 잠깐이나마 전해 듣고 나니 나도 모르게 마음이 몽글몽글. 이제 다시 열심히 일하자!

DATE. 2024. 12. 14.　　WEATHER. 겨울비.

근래의 마케팅 캠페인까지 살피고 나니 앞으로의 바나나맛우유 마케팅 방향성에 관해 팀원분들은 어떻게 생각하고 계시는지 듣고 싶어졌다. 올해 신제품 출시로 다들 워낙 바쁘기도 하셨고 그동안에는 내가 아는 정보가 부족해서 어떤 이야기를 나누면 좋을지 조심스러웠는데 이제는 궁금한 점도 명확해졌고 이야기할 때가 된 것 같다! 커피챗을 핑계로(?) 팀원분들에게 이거저거 여쭤보았다. J팀장님, C프로님, K프로님이 함께해주셨다.

제가 그간 바나나맛우유에 관해 여러모로 조사했잖아요, 여러분께 궁금한 점이 생겨서… 본론부터 이야기하겠습니다. 최근까지 진행한 바나나맛우유 캠페인 중 특히 기억에 남거나 개인적으로 생각하기에 분기점이 된 사건이 있다면 무엇일까요?

J: 저는 지나고 보니 "헬로, 옐로(Hello, Yellow)" 캠페인이 중요한 분기점이었던 것 같아요. 바나나맛우유&토피넛 출시 기념이었으니까 한정판 시리즈의 시험판이라고 볼 수도 있고, 바나나맛우유에 토피넛을 추가한 것처럼 우리가 바나나맛우유를 기반으로 무언가를 계속 더해가는 가능성을 엿봤던 것 같아서요. 이후 옐로우카페나 다양한 아티스트 컬래버레이션의 시작점이라고 볼 수도 있고요. 이때 페이스북 페이지를 개설하면서 웹페이지에서 벗어나서 소비자와 직접적인 소통을 시작한 계기가 되기도 했어요.

C: 음, 저는 2019년 유튜브 채널을 개설한 때라고 생각해요. 팀장님이 말씀하신 것처럼 웹페이지에서 페이스북으로 넘어간 때가 첫 번째 분기점이었다면 그다음 페이스북에서 유튜브로 넘어온 게 두 번째 분기점이었어요. 페이스북은 타임라인 기반의 SNS라서 흘러가면 이전 기록을 보기 어려운데 유튜브는 알고리즘으로 몇 년 전 영상을 얼마든지 최근에 보기도 하잖아요. 또 유튜브는 댓글이 활발한 플랫폼이다 보니 실시간으로 소비자 반응을 살피고 소통하는 게 재미있어요. 저희 브랜드 이미지인 '친구'라는 콘셉트를 유튜브로 더 강화할 수 있었고요.

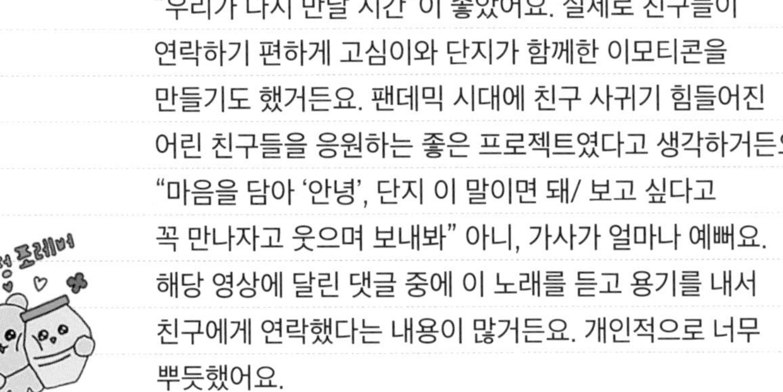

K: 비슷한 맥락인 것 같은데, 저는 고심이와 컬래버레이션한 "우리가 다시 만날 시간"이 좋았어요. 실제로 친구들이 연락하기 편하게 고심이와 단지가 함께한 이모티콘을 만들기도 했거든요. 팬데믹 시대에 친구 사귀기 힘들어진 어린 친구들을 응원하는 좋은 프로젝트였다고 생각하거든요. "마음을 담아 '안녕', 단지 이 말이면 돼/ 보고 싶다고 꼭 만나자고 웃으며 보내봐" 아니, 가사가 얼마나 예뻐요. 해당 영상에 달린 댓글 중에 이 노래를 듣고 용기를 내서 친구에게 연락했다는 내용이 많거든요. 개인적으로 너무 뿌듯했어요.

'우리가 다시 만날 시간' 뮤직비디오

(작사: 단지, 그림: 최고심, 노래: 박지윤 성우)

바나나맛우유에 좋은 캠페인이 워낙 많았잖아요.
만일 과거 캠페인 중 무언가를 최신 버전으로
다시 해볼 수 있다면 어떤 걸 고르실 거예요?

K: 저는 이른바 '김래원의 냉장고 CF'라 불리는 "마음까지 채운다" 캠페인을 특히 좋아해서 최신 버전으로 리뉴얼해보고 싶어요. 일단 "마음까지 채운다"는 카피가 너무 좋고 바나나맛우유의 정체성을 제대로 담아낸 캠페인이라고 생각해요. 바나나맛우유 용량이 넉넉한 편이라 마시면 든든하다고 하는 사람들도 많은데, 단순히 배만 채우는 게 아니라 사람의 정서나 감정까지 어루만지겠다는 뜻이니까요. 김래원 배우 이후에 추성훈, 소녀시대, 이민호 등 여러 모델이 반복할 정도로 인기가 많은 캠페인이기도 했고요.

다양한 모델이 참여한 "마음까지 채운다" CF

오! 저도 그 광고 기억해요. 저희끼리 회의할 때 관용적 표현으로 '바나나맛우유다움을 놓치면 안 된다'는 이야기를 자주 하잖아요. 저는 '바나나맛우유다움'이 무엇인지 아직 모호하게 느껴질 때도 있거든요. 여러분은 어떻게 생각하시는지 궁금해요.

C: 어려운 부분이긴 하죠. 저는 바나나맛우유를 항상 '반듯한 친구'로 상상해요. 내 옆을 항상 지켜주는 단짝인데 일탈을 권하는 친구가 아니라(ㅎㅎ) 반듯하고 예측할 수 있는 범위에서 재미있는 친구랄까요? 내가 어떤 처지든 나를 든든하게 응원해 주고 곁을 지켜주는 한편 조금 귀엽고 재미있고 또 약간 엉뚱한 친구, 나에게 해가 되는 일은 절대 안 할 것 같은 친구요.

J: 아까 K프로님이 언급한 "마음까지 채운다"는 말이 '바나나맛우유다움'을 가장 잘 대변하는 표현이라고 생각해요. 너무 힙하거나 무조건 재미있는 것보다는 어디선가 따뜻함을 느낄 수 있게 하는 거죠. '여운을 준다'고 표현할 수도 있을 것 같은데, 그게 바나나맛우유 패키지와도 연관되어요. 반투명한 용기가 자아내는 은은한 노란빛이 시각적으로 여운을 주잖아요. 그렇게 형성된 아이덴티티에 "마음까지 채우는" 정서가 더해지면서 바나나맛우유다움을 완성하는 것 같아요.

바나나맛우유가 벌써 출시 50주년을 맞았어요.
앞으로 100년, 200년 장수하는 브랜드가
되기 위해 어떤 점을 변화 아니면
유지해야 한다고 생각하세요?

J: 바나나맛우유가 시간 여행자 같다고 종종 생각하거든요. 시간 여행자가 새로운 시간대에 적응하려고 그 시대의 복식부터 갖춰 입는 것처럼, 바나나맛우유도 바나나맛우유다움을 유지하면서 그 시대에 맞는 옷으로 계속 갈아입고 있어요. 시대에 뒤처지지 않는, 말 그대로 그 시대에도 유효한 브랜드가 되기 위해 옷을 잘 갈아입는 센스를 계속 유지해야 하지 않을까 싶어요.

K: 정확히 얘기하면 캠페인은 아니지만, 그 일례로 '바나나맛우유 미니'도 언급할 수 있을 것 같아요. 기존 바나나맛우유는 아이들이 한 번에 먹기에 양이 많은 편이라 2019년에 '바나나맛우유 키즈'로 출시했는데 2022년 '바나나맛우유 미니'로 리뉴얼했거든요. 아이들뿐만 아니라 식사량이 적거나 바쁜 어른들도 쉽게 즐길 수 있는 제품이에요. 바나나맛우유의 수명을 계속해서 늘릴 방법을 다각도로 고민한 결과라고 할 수 있어요.

짧은 시간이었지만 큰 도움이 되었어요.
다들 시간 내주셔서 감사해요!
이제 다시... 일하러 갈까요...

역시 팀원분들과 이야기해 보길 잘했다. 내가 어느 정도 바른 방향으로 가고 있었던 것 같고, '바나나맛우유다움'에 관해 나만의 이미지도 그려봐야겠다고 생각했다.

마음까지 채운다
마음까지 채운다
저지방의 깔끔한 맛
유통기한 확인하여 식품선택 올바르게

DATE. 2024. 12. 19. WEATHER. 눈

팀원들과 이야기 나누고 나니 그간의 바나나맛우유 활동 그리고 앞으로의 방향성에 관해 조금 더 이해하게 되어 좋았다. 우리가 추구하는 '재미'라는 것이 반드시 유희의 의미라기보다 감동, 친근함, 위안 등 다양한 의미를 갖는다는 점도 다시금 마음에 새기게 되었고.

최근의 트렌드라면 친환경 이슈를 꼽을 수 있을 텐데 바나나맛우유는 이미 몇 년 전부터 #지구를지켜바나나 캠페인 등 다양한 프로모션을 진행해 왔고 이 역시 '재미있는 방식으로' 친환경 습관을 장려하고 있다. 지지난 주였나, 인터넷상에서 대화를 나눴던 홍차왕자 님이 인상적인 캠페인으로 꼽은 "단지세탁소"도 그중 하나였다.

2020년 시작한 #지구를지켜바나나의 첫 번째 프로젝트는 바로 "분바스틱" 캠페인. '분리배출이 쉬워지는 바나나맛우유 스틱'의 줄임말인데 분리수거용 랩칼로 크라우드 펀딩을 진행하고 수익금은 전부 기부했다. 올바른 분리배출 방식을 홍보하는 한편 랩칼 역시 바나나맛우유 공병을 재활용하여 만들어 친환경 메시지를 강조하여 전달할 수 있었다.

분바스틱(분리배출이 쉬워지는 바나나맛우유 스틱)

이어서 진행한 #지구를지켜바나나의 두 번째 프로젝트는 "단지세탁소" 캠페인. 바나나맛우유 공병을 세척하는 '찐환경 단지 세탁기'를 개발하고 이를 체험할 수 있는 팝업 스토어를 운영했다. 단지 세탁기를 당장 이용하기 어려운 사람들은 #단지손세탁챌린지 즉, 바나나맛우유 뚜껑을 떼고 다 마신 후 직접 헹궈 인증하는 챌린지에 참여하도록 유도했다. 바나나맛우유 공병의 재활용률을 높이는 방식을 다각도로 고민한 결과였다.

분바스틱 그리고 단지세탁소 캠페인의 공통점을 꼽자면 소비자들이 일상의 생활 습관을 쉽게 바꿀 수 있도록 격려한다는 점인 것 같다. 용기를 씻어 제대로 분리배출하는 것만으로도 재활용률을 확연히 높일 수 있으니까!

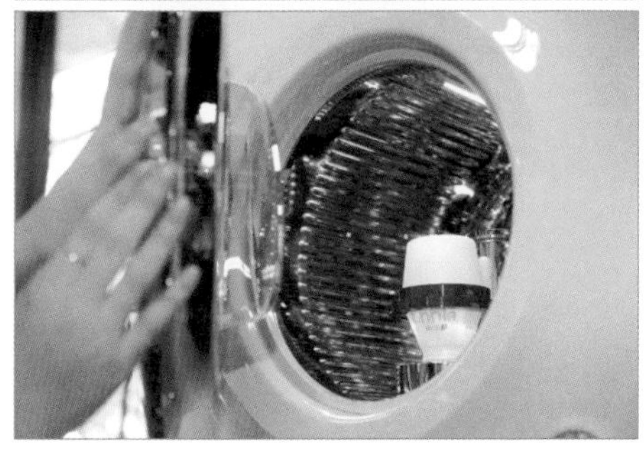

찐환경 단지 세탁기가 바나나맛우유 공병을 세척하는 모습

“단지세탁소” 팝업 스토어

2022년에는 "일상단반사" 캠페인을 진행했다. "일상단반사"는 '일상 속에서 모은 바나나맛우유 단지 용기가 어두운 밤길을 지켜주는 반사경으로 다시 태어나요'를 의미한다. 전국 50개 초등학교의 학생들이 3개월간 모은 폴리스티렌(PS) 재질의 플라스틱 용기를 재활용하여 어린이 교통안전 반사경으로 만들어 학생들에게 돌려주었다.

"분바스틱" 캠페인에 이어 올바른 분리배출 방식을 효과적으로 홍보 및 교육하는 프로젝트였다. (역시 어린이들이 우리의 미래!)

"일상단반사" 캠페인으로 탄생한
어린이 교통안전 반사경

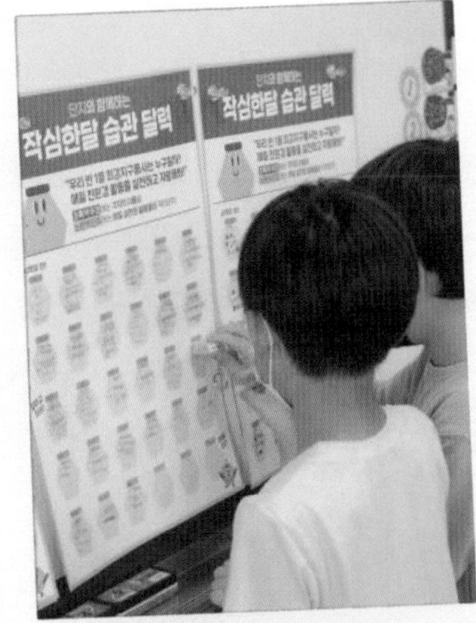

"일상단반사" 캠페인 참여 모습

"일상단반사" 캠페인에 참여한 어린이들의 소감

PS쓰레기 봉지를 뜯는건 귀찮았지만 PS 쓰레기 모으는건 재미있었다. 포켓몬 띠부씰 모으는 기분이 었다. PS 쓰레기 만으로 지구를 깨끗하게 할수 있다니 신기했다.

처음에 PS를 모을때 귀찮아 했는데 계속 모으다 보니 재미있고 뿌듯 했습니다

많이 모아서 뿌듯하고 PS가 이렇게 많은줄 몰랐다.

재미, 신나고, 너무 재미있었다 나는 매일 쓰레기를 버릴 거다

더 열심이 해서 뿌듯하고 재활용으로 장난감을 만들어서 정말 뿌듯해어요.

나는 쓰레기 분리를 많이 못해도 나는 쓰레기를 [제목 없음]을 할 거다

원활한 분리수거를 위해 뚜껑을 떼고 마시는 #뜯먹 캠페인뿐만 아니라, 빙그레의 지속적인 연구와 투자로 바나나맛우유는 포장재 재질·구조 평가 결과 '재활용 우수'를 받았다. 별도 라벨이 없으니 뚜껑만 잘 떼서 헹궈 버리면 재활용률을 높일 수 있다. 지난여름 패키징팀장님을 만나 뵈었을 때 많이 듣고 배웠는데 정리하자면 다음과 같다.

"바나나맛우유 용기는 단일 재질(PS)로 재활용에 강점이 있는 패키지예요. 복합 재질이면 분리배출이 어려우니까요. 바나나맛우유 뚜껑을 잘 뜯어 버릴 수 있도록 연구를 계속했고요. 뚜껑을 완벽하게 제거해야 순환 이용성 효율이 높아지거든요. 빨대를 사용하지 않아도 충분하도록, 조금 더 편하게 한 번에 뜯을 수 있도록 재질에 대한 연구개발을 이어갔죠. 그게 또 #뜯먹 캠페인으로 알려졌고요."

8번 정답!

바나나맛우유 용기 생산에서 남는 자투리 플라스틱 조각은 가공하여 온전히 재사용한다. 패키징팀장님이 이렇게 부연해 주셨다.

"50년 전과 달리 지금은 재생재의 사용 비율이 높아요. 공장에서 '우리가 버리는 플라스틱은 없다'고 말하기도 하는데 적어도 생산 과정에서 버려지는 플라스틱은 없다는 거죠. 업계에서 PIR(Post Industrial Recycled)이라는 개념으로 설명하는데요, 소비자에게 전달되기 이전에 플라스틱을 재사용할 수 있게 가공하는 것이라고 이해하시면 될 것 같아요. 공정의 효율을 높이는 방식이기도 하지만 탄소 배출량을 줄이려는 노력이기도 해요. 그리고 10년 전과 비교하면 용기 중량이 상당히 줄었어요. 그만큼 플라스틱을 덜 쓰고 탄소 배출량도 줄였다는 걸 의미해요. 재생재 비율을 높이면 용기 강도가 약해지기 마련인데 강도를 유지하면서 재생재의 사용 비율을 높이는 쪽으로 계속해서 연구개발을 이어가고 있습니다."

플라스틱 시트 생산 시 남는 자투리 조각을 가공하여 다시금 플라스틱 시트 생산 과정에 재사용한다.

자투리 조각과 재생재

재생 과정

자투리 조각

신재와 자투리 조각을 가공한 재생재를 혼합하여
바나나맛우유 용기에 쓰이는 플라스틱 시트를 만든다.

얼마 전 바나나맛우유 용기의 재료가 되는 플라스틱 시트를 생산하는 공장에 방문했는데 해당 공정을 직접 지켜보니 신기하기도 하고 50년 전의 용기 디자인과 재질을 유지하기 위해 구체적인 제작 과정은 계속해서 발전해 왔구나 그런 생각이 들었다. 이러한 노력을 방증이라도 하듯 바나나맛우유는 '환경성적표지' 인증을 받기도 했다. 환경성적표지 제도는 제품이 환경에 미치는 영향을 고려해 원료 채취, 생산, 유통, 소비, 폐기까지 전 과정을 평가하여 계량적인 정보로 표시하는 제도다. 어쩐지 뿌듯하다!

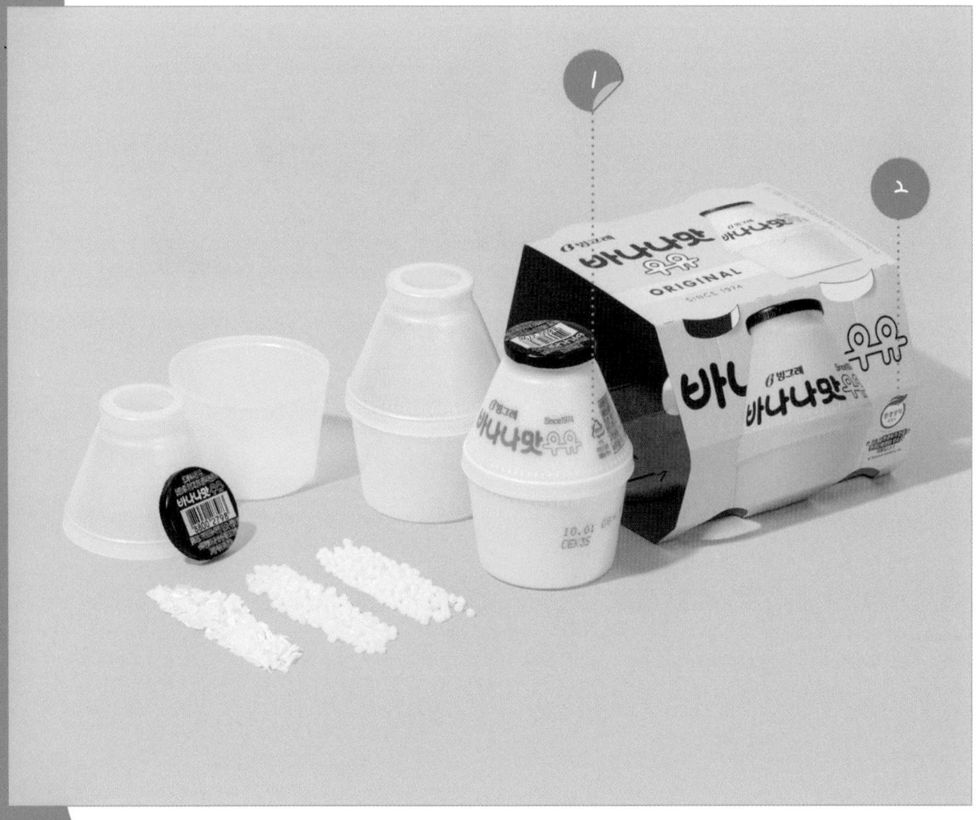

포장재 재질 구조 평가에서 '재활용 우수'를 받고 '환경성적표지' 인증 또한 받았다. #뜯먹 캠페인을 통해 올바른 분리배출 방식을 지속해서 홍보하고 있다.

가공유/냉장제품 240 mL(208 kcal) 바나나농축과즙(고형분 70%) 0.315%, 원유85.715%

지구를 위해 #뜯먹

빙그레 Since1974

바나나맛우유

PS 뚜껑:OTHER 재활용 우수

소비기한 (냉장보관, 0~10℃)용기 표기일까지
원재료명 원유(국산), 정제수, 설탕, 바나나농축과즙(바나나: 인도산), 카로틴, 향료 2종 우유 함유
개봉후 냉장보관하거나, 빨리 드세요
고객상담실 전화 080-022-0056
※뚜껑은 제거 후 일반쓰레기로 배출

영양정보	총 내용량 240 mL 208 kcal	
나트륨 110 mg 6 %	탄수화물 27 g 8 %	당류 27 g 27 %
지방 8 g 15 %	트랜스지방 0 g	포화지방 5 g 33 %
콜레스테롤 30 mg 10 %	단백질 7 g 13 %	

1일 영양성분 기준치에 대한 비율(%)은 2,000 kcal 기준이므로 개인의 필요열량에 따라 다를 수 있습니다.

플라스틱 용기를 물로 1~2번만 씻어도 재활용률을 높일 수 있어요!

지구를 지켜 바나나!

뚜껑은 뜯어서 일반쓰레기로!

빈병은 씻어서 플라스틱으로!

바나나맛우유 공병을 제대로 분리배출하는 것도 물론 재활용률을 높이는 훌륭한 방식인데 그간 일상에서 알게 모르게 바나나맛우유 공병을 이미 재활용해 오지 않았나. 바나나맛우유 공병에 펜을 꽂거나 동전을 모아두거나 다육식물을 심거나 등등 자신만의 방식으로! 다육식물이 한창 유행할 때 우리 엄마도 바나나맛우유 공병에 다육식물을 심어 키웠었는데. 가벼워 집안에서 여기저기 옮겨 다니기 편하고 화분이 깨질 위험이 없어서 좋았다.

바나나맛우유 공병으로 일상의 소품을 만드는 방법,
함께 시도해 보자.

DATE. 2024. 12. 22. WEATHER. 추움.

바나나맛우유에 관한 조사 결과가 어느 정도 정리된 것 같다.
아, 맞다! 지난 5월 선배님이 내주신 퀴즈를 다시 풀어봐야지.

❶ 바나나맛우유 출시 이후 2023년 말 기준 판매량은 약 95억 개. 공병을 줄 세우면 지구 바퀴를 __24__ 바퀴를 돌 수 있는 양이다.

❷ 바나나맛우유 용기는 __달항아리__ 에서 영감을 받아 만들어졌다.

❸ 바나나맛우유는 1974년 출시 당시 __240__ ml였다.

❹ 바나나맛우유의 출시 당시 이름은 '바나나 우유'였다. O / (X)

❺ 바나나맛우유는 하루에 __100__ 만 개, 1초에 __12__ 개씩 팔린다.

❻ 바나나맛우유 로고는 1974년 출시 이후 __9__ 번 바뀌었다.

❼ 바나나맛우유는 전 세계 __27__ 개국에서 판매되고 있다.

❽ 빙그레는 바나나맛우유의 __뚜껑__ 을(를) 잘 제거하는 연구를 계속해 왔다.

그동안 정말 많은 정보를 얻었구나. 꽃샘추위 한창일 때 시작한 것 같은데 그새 계절이 몇 차례 바뀌어 다시 추워졌네. 지난 기록을 살펴보니 뿌듯하다.

1. 바나나맛우유 하나가 10cm 정도에, 지구 둘레를 40,075km로 두고 계산하면 정답은 24바퀴. 290p

2. 정답 달항아리! 지난 6월 초에 발견한 과거 연구원분의 기록을 통해 알게 되었다. 51p

3. 240ml. 6월 21일 생산반장님과의 대화를 복기해보자면 바나나맛우유는 출시 이래 용량을 한 번도 바꾼 적이 없다구. 63p

4. 아니요! 지난 8월, 연구소 방문기를 다시 살펴보면 1974년 출시 때부터 바나나맛우유는 꾸준히 '바나나맛우유'였다는 걸 알 수 있지. 136p

5. 6월 말에 만나 뵌 냉장영업상무님의 정보에 따르면, 하루에 100만 개! 1초에 12개씩 팔리는 꼴! (국내외 판매량 합계) 70p

6. 9번. 2004년부터 지금의 로고를 사용하고 있다. 10월 5일의 기록을 다시 확인해 보면 확실하지. 182p

7. 한국을 포함하여 27개국. 11월 중순에 만나 뵌 해외영업부 담당자분께 여쭤봤던 기억이 나네. 230p

8. 뚜껑! 올바른 분리배출 방식을 홍보하기 위해 #뜯먹 캠페인을 진행하는 한편 실제로 뚜껑을 잘 뜯을 수 있도록 연구를 계속하여 지금은 예전보다 훨씬 쉽게 뚜껑을 제거할 수 있다. 12월 19일의 기록을 다시 꼼꼼히 읽어보자. 283p

DATE. 2024. 12. 28. WEATHER. 함박눈.

이제 정말 완연한 연말이다. 팀장님이 이 정도면 바나나맛우유 자료 조사를 마무리해도 되겠다고, 그동안 수고 많았다고 칭찬해 주셨다(♥) 지난 1년 가까이 가장 가까운 동료처럼 지켜보고 아껴온 바나나맛우유를 놓아 주려니 정이 많이 들어 아쉽기도 하지만, 앞으로 어떤 마음가짐으로 마케팅에 임해야 할지 공부가 많이 되었다. 이게 무슨 이야기냐면...

몇 개월간 조사차 만난 모든 사람에게 '바나나맛우유가 당신에게 어떠한 의미인지 하나의 단어나 문구로 표현해달라'고 요청했는데 빙그레 직원이든 아니든 바나나맛우유 관계자라면 의견이 신기할 정도로 대부분 비슷했다. '자부심', '자신감', '근본' 관계자라고 해서 어떤 제품을 이렇게 좋아할 필요는 없을 텐데 (결국 일은 일이니까) 다들 같은 마음으로 바나나맛우유를 아낀다는 사실이 느껴져서 신기했고 몇 달간 바나나맛우유와 동고동락하며 나도 그 마음을 완전히 이해하게 됐다.

》 온라인 앙케이트 《

빙그레인이 직접 뽑은 '빙그레 최고의 브랜드'는?

연말이 되면서 각종 매체들에서 올 한해 최고의 브랜드를 뽑고 있다. 각 매체별로 각각의 선발 기준과 선정 위원들에 의해 뽑히는 제품들이라는 게 대동소이한데, 어쨌든 소비자들로부터 사랑받는 제품은 다 그만한 이유가 있는 듯 하다. 사보 빙그레가족에서는 12월호를 맞아 빙그레인들을 상대로 빙그레 제품 중 최고의 브랜드를 손수 뽑는 앙케이트를 실시했다. 물론 절대적인 통계는 아니지만 이 설문을 통해 빙그레인들 스스로 빙그레 브랜드에 대한 자부심과 더불어 애사심을 고취하는 좋은 계기가 되었으면 한다. 더불어 100년이 가고 200년이 가도 고객들로부터 영원히 사랑받는 빙그레의 브랜드가 되길 빌어본다.

Q1 빙그레인으로서 '빙그레 최고의 브랜드'는 무엇이라고 생각하십니까?

① 바나나 우유 ······ 76.1%　② 투게더 ·········· 11.9%
③ 요플레 ··········· 4.8%　④ 닥터캡슐 ········· 1.0%
⑤ 메로나 ············· 1.2%　⑥ 메타콘 ············ 1.2%
⑦ 더위사냥 ·········· 3.8%　⑧ 기타 ············· 0.0%

Q2 빙그레인으로서 근래 제작된 빙그레 광고 중 독자의 마음을 읽어낸 최고의 수작은 무엇이라고 생각하십니까?

① 메타콘 – 정태우 하하 편 '콘 속의 두가지맛' ······················ 3.6%
② 닥터캡슐 – 차태현 편 '젊은 장을 위하여' ························ 25.0%
③ 바나나 우유– 송지효 편 '바나나처럼 웃자' ························ 41.6%
④ 메로나 – 화해하는 연인 편 '초록빛 부드러움 메로나' ·············· 8.3%
⑤ 키위아작 – 김흥수 편 '열받은 청춘을 위해' ······················· 3.0%
⑥ 더위사냥 – 사막을 달리는 MTB 편 '더위보다 강하다 더위사냥' ··· 13.1%
⑦ 참붕어싸만코 – 붕어의 항변 '내 속의 떡을 봤냐고'················· 3.6%
⑧ 기타··· 1.8%

Q3 빙그레 역대 CF
누구라고 생각하
① 이의정 – 투
② 장서희 – 허
③ 김소연 – 초
④ 전인화 – 포
5 최진실 – 요
⑥ 기타 ······

Q5 빙그레인으로서 빙그레 제품 중 가장 즐겨 먹는 제품은 무엇입니까?

① 바나나 우유 ····································· 40.4%
② 투게더 ··· 13.1%
③ 요플레 ··· 26.2%
④ 닥터캡슐 ··· 10.7%
⑤ 메로나 ··· 3.6%
⑥ 메타콘 ··· 2.5%
⑦ 더위사냥 ··· 3.6%
⑧ 기타 ··· 0.0%

Q6 앞으로 100년이 가고 200년이 가도 소비자들로부터 사랑받을 것 같은 제품은 무엇이라고 생각하십니까?

① 바나나 우유 ····································· 65.5%
② 투게더 ··· 13.1%
③ 요플레 ··· 11.9%
④ 닥터캡슐 ··· 2.7%
··· 2.7%
.7%
.8%
.0%

2003년 12월호의 빙그레 내부 설문 결과를 보면 이때도 다들 바나나맛우유를 진심으로 아끼고 사랑한 것 같다.

그리고 몇 개월의 조사 기간 내가 경전처럼 닳도록 보았던 사보《빙그레가족》을 통해서도, 이러한 애정이 비단 지난 몇 년 사이만의 일은 아니라는 것을 알 수 있었다. 사보를 활발히 발행했던 1990~2010년대의 약 20년간 빙그레에서 많은 제품이 생겨나고 또 사라졌는데 바나나맛우유는 항상 회사의 간판 제품으로 모두의 자부심이 되어 주었으니까.

1990~2000년대의 빙그레 제품 광고를 보아도 바나나맛우유는 회사의 간판 제품 자리를 놓친 적이 없다.

빙그레 히트제품

빙그레의 식품역사 4반세기, 보다고급한 식품문화를 만들어 나아가야 한다는 사명감을 잊지 않으면서 스물다섯개의 성상을 쌓아가고 있다.
이번 사보 창간호에 빙그레에서 탄생해 소비자의 사랑을 듬뿍 받아온 대표적인 제품들의 면면을 되 짚어 보기로 한다.
아이스크림에서는 투게더, 비비빅, 메로나, 엑설런트, 캔디바를 유음료 부문에서는 바나나우유, 요플레를 그리고 이라면을 각각 뽑았다.

비비빅

75년
재까지 백원의

바나나 우유

떠나는 즐거움, 함께가는 즐거움.! 바나나우유.
"목마를 때 좋고, 영양많아 더 좋구요…"
"좋은 날엔 더 맛있는 바나나우유"

1993년 2월호, 빙그레 히트 제품 소개

1993년 4월호, 빙그레 제품 광고

맛있는 제품, 건강한 생활
고객의 만족과 최고의 제품을 위해
빙그레가 앞서갑니다

건강을 위해 한번 더, 맛을 위해 하나 더

빙그레의 새로운 발상, 새로운 제품은 더 좋은 제품에 대한 도전정신과 연구개발의 열정으로부터 출발합니다.

국내에선 처음으로 목장에서 직접 집유한 生우유를 사용해 만든 아이스크림 투게더, 세계에서 처음으로 개발한 캡슐 요구르트 닥터캡슐,

새로운 차원의 가공우유 바나나맛 우유, 100% 콩기름 라면 매운콩라면 등, 고객이 원하는 보다 나은 제품을 개발하기 위한 빙그레의 노력은

지금 이 시간에도 우리나라 식품의 역사를 새롭게 바꿔가고 있습니다.

It's Quality. It's Binggrae

[밝은 미소, 빙그레가 만듭니다]

밝은 미소의 메신저, 빙그레

빙그레는 건강과 행복을 함께 나누는 밝은 미소의 메신저로서
만드는 제품 하나 하나에 밝은 미소 정신을 담겠습니다.
맛과 건강을 위한 남다른 생각과 끊임없는 연구개발, 그리고
탁월한 기술력을 바탕으로 빙그레는 앞선 제품을 만들겠습니다.

2003년 7월호, 빙그레 제품 광고

밝은 미소로 건강의 꽃을 피우겠습니다

젊음의 라일락 미인의 꽃 데이지 사랑이담긴 마가렛 사랑의 아이스크림

2005년 3월호, 2006년 1월호, 빙그레 제품 광고

빙그레가 세상을 건강하고
행복하게 만드는 미소의 씨앗이 되겠습니다

온가족이 함께 행복한 투게더, 미소가 담긴 바나나우유, 살아서 숨쉬는 건강한 닥터캡슐 X-pert.
우리는 참 많은 추억과 사랑을 만들어 왔습니다. 생각만 해도 입가에 잔잔한 미소가 떠오릅니다.
앞으로 빙그레는 더 건강한 제품, 더 큰 정성으로 웃음 가득찬 세상을 만들어 가겠습니다.
건강과 행복을 함께 나누는 밝은 미소의 메신저-빙그레

밝은 미소로 건강의 꽃을 피우겠습니다

젊음의 라일락 미인의 꽃 데이지 사랑이 담긴 마가렛 사랑의 아이스크림

빙그레가 세상을 건강하고
행복하게 만드는 미소의 씨앗이 되겠습니다

온가족이 함께 행복한 투게더, 미소가 담긴 바나나맛우유, 두가지 맛 메타콘...
우리는 참 많은 추억과 사랑을 만들어 왔습니다. 생각만 해도 입가에 잔잔한 미소가 떠오릅니다.
앞으로 빙그레는 더 건강한 제품, 더 큰 정성으로 웃음 가득찬 세상을 만들어 가겠습니다.
건강과 행복을 함께 나누는 밝은 미소의 메신저-빙그레

2008년 2월호, 빙그레 제품 광고

한편 소비자분들은 어떻게 답했냐면, 이것도 또 다른 감동 포인트인 것이 대부분 '추억'이라고 이야기했다. 단순히 과거 추억 속의 존재라는 뜻이 아니라 자신이 가장 좋았던, 행복했던, 잊고 싶지 않은, 즐거웠던, 그리운 추억의 순간에 함께한 바나나맛우유를 기억하더라.

저마다의 빛나는 보석 같은 순간을 바나나맛우유를 통해 들을 수 있어서 앞에서와는 다른 의미에서 열심히 일해야겠다는 원동력이 되었다.

"아버지가 특별한 날에 사 주시던
바나나맛우유가 생각나요.
지금은 아버지를 볼 수 없지만,
이 기억은 영원해요."

1987년 5월 누나와 함께 (김갑태 님 제공)

"어릴 때부터 같이 자라온,
변하지 않는 단짝"

"삼 형제가 함께
목욕탕에 다녀올 때
버스비를 아껴서 사 먹던
달달한 즐거움 한 모금 같은 추억은
누구나 갖고 있겠지만,
거기에 나만의 시대, 나만의 가족,
나만의 기억이 담겨 있어서
특별히 달콤하고 개운했다는 것을
이제는 알아요.
바나나맛우유의 절반은
각자의 감성이라고 해도
과언이 아닌 것 같아요."
빙그레
바나나맛우유

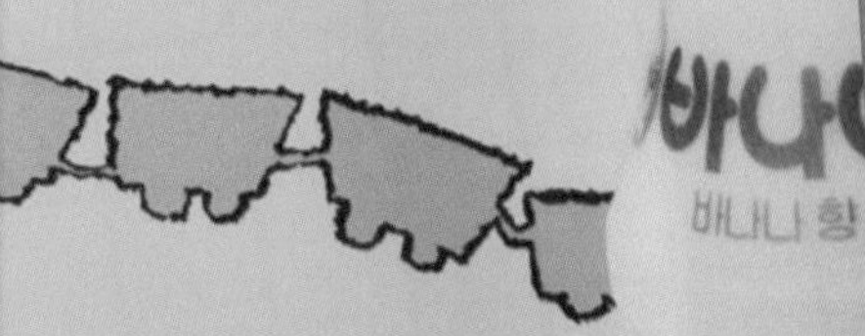

"10년간의 해외 생활 중
매년 한국에 올 때 인천공항에
도착하자마자 편의점에서
매번 바나나맛우유를 사 마시며
집에 가곤 했어요.

10시간 이상의 긴 비행과 더불어
지난 1년간 열심히 외국에서
살다가 돌아온 제게 주는
작지만, 큰 보상이
바나나맛우유였어요.
'내가 나에게 주는 상'이었죠."

"바나나맛우유를 매개로
지금의 연인을 만나서
바나나맛우유는 제게 큐피드예요.
싸웠을 때도 바나나맛우유로
화해하니까 우리의 관계를 더욱
돈독하게 만들어주는 존재고요."

이외에도 뭉클한 순간이 정말 많았는데, 바나나맛우유가 앞으로 100년, 200년 넘게 사랑받아서 사람들에게 계속해서 빛나는 추억의 순간을 선사할 수 있도록 모두의 '최애' 음료가 될 수 있도록 더욱 정진해야지! 이제 진짜 끝!

NBA
빙그레
바나나맛

바나나맛우유

바나나맛

바나나맛우유와 함께한 50년,
이 책을 통해 여러분과 그 긴 여정을 나눌 수 있어
진심으로 감사드립니다.

“노란 달콤함으로 누군가에게는 위로가,
또 누군가에게는 즐거움”이 되어준 바나나맛우유는
일상 속 작은 기쁨으로 자리 잡아
오랜 시간 동안 여러분의 사랑과 추억 속에서 성장해왔습니다.
이 브랜드북은 그 모든 순간들을 담아낸 소중한 기록입니다.

앞으로도 바나나맛우유가 여러분의 일상 속
더 많은 시간에서 함께 추억을 쌓아가길 바라며,
긴 시간 동안 변함없는 사랑을 보내주신 모든 분들께
깊은 감사의 마음을 전합니다.

고맙습니다.

빙그레 임직원 일동

단지, 50년의 이야기
안녕, 나의 바나나맛우유

지은이 빙그레, 뉴포맷
제작 뉴포맷
기획·편집 박경린, 장유진
디자인 RSG Works
사진 김진솔, 오창동
일러스트 김효정(느효), 소순, 예슬, 임기환, 홍세인(포푸리)
인쇄 효성문화인쇄

발행 1판 1쇄 2024년 12월 1일
발행처 케이스스터디(뉴포맷)
04526 서울 중구 세종대로16길 27, 402호
T. 02-777-1123
F. 02-2261-1123
E. book@newformat.kr
ISBN 979-11-91543-05-6 (03320)
가격 22,000원

다음의 분들께 감사드립니다.(가나다순)

빙그레 가족(전·현직 임직원)
강영택, 권지영, 김갑태, 김무한, 김선진, 김영환, 김치윤, 박상면, 박혜진, 박정신, 석수민, 정등용, 임성호, 임현산, 이수진, 장춘호, 정수용, 최재형, 최원석, 황신석

빙그레 고객
강지화, 김범관, 남승호, 박창범, 송민영, 우린징(오임경, 중국), 유현민, 조민경, 최진원, 팜쑤언호앙(베트남), 한미경

협업자 & 아티스트
권동현(홍차왕자), 김민기(취한무드등), 김범관(자취방편집실), 김자경, 김정헌, 김지한, 박수진, 박진서, 서민경, 송민경, 송봉규, 신자경, 윤상현, 이다혜, 이민선, 이민재, 이승윤, 이원우, 임소라, 전채리, 정대훈, 조윤후, 최성희, 최예지, 패브리커

책 판매를 통한 수익금은 소외계층을 위한 활동에 전액 기부될 예정입니다.

바나나맛우유
8800 2798
8 801104 940870
8 801104 221467
8 801104 212205

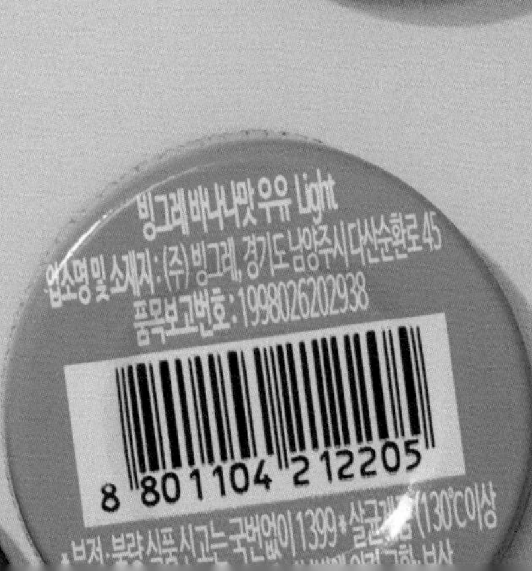

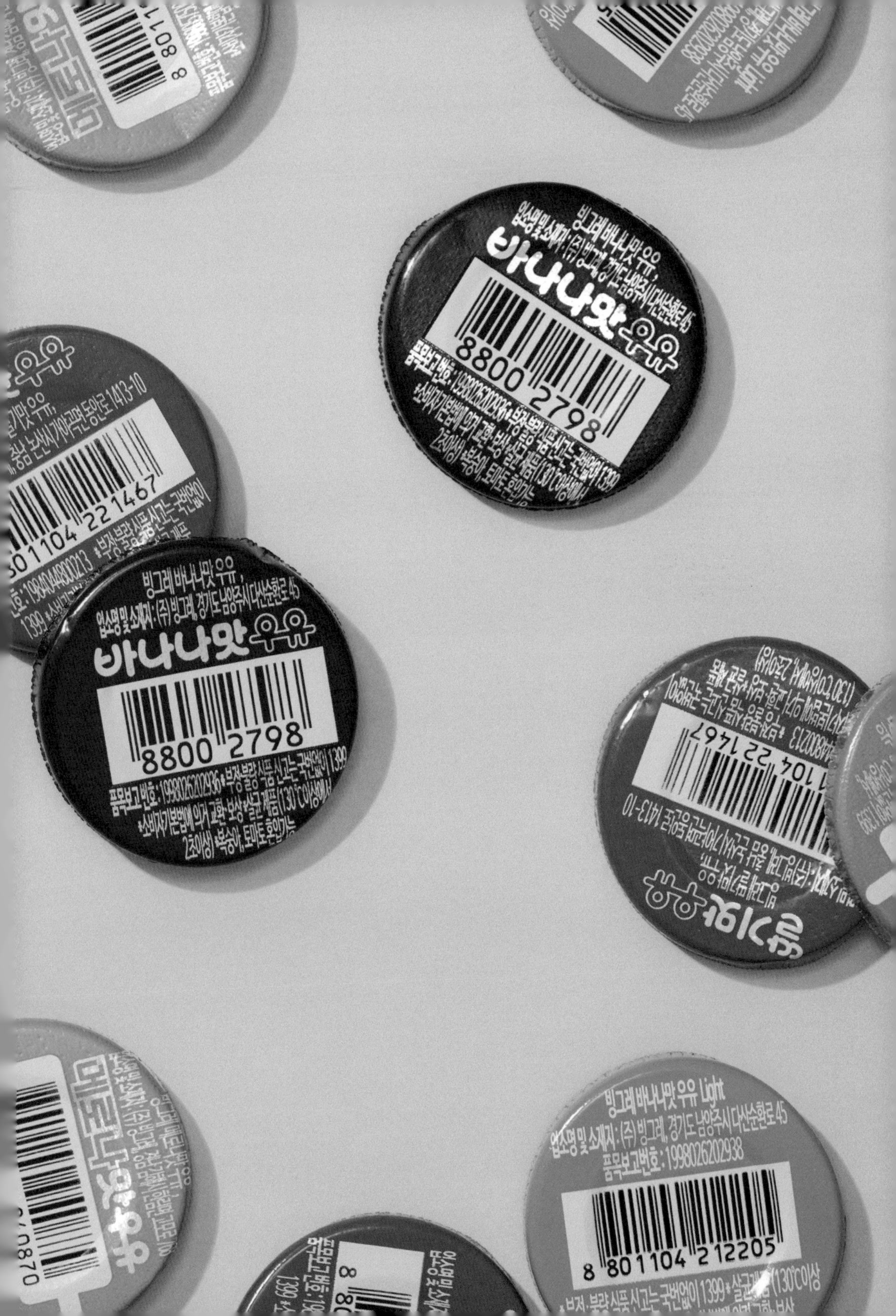
빙그레 바나나맛 우유,
업소명 및 소재지: (주) 빙그레, 경기도 남양주시 다산순환로 45
바나나맛 우유
8800 2798
빙그레 바나나맛 우유 Light
업소명 및 소재지: (주) 빙그레, 경기도 남양주시 다산순환로 45
품목보고번호: 1998026202938
8 801104 212205